JN316603

定年と第二の人生

団塊世代の生き方

武田　専《まこと》

元就出版社

まえがき

現在、少子高齢化とともに、団塊世代の大量定年が大きな課題となっている。今後の労働人口に少なからぬ影響があるからである。

この世代の大学卒の多くは、大学大衆化の時代に高学歴の若者たちとして、颯爽と社会に進出してきた。官庁や大企業に就職することで、エレベーターに乗って上昇するように、安定した生涯を過ごすことができるように思われた。時の流れに乗って社会人になった人たちである。

平均的にみれば定年まで順調だった人たちは、定年後の人生も順調に過ごしていることが多いようである。だが人生、山あり谷ありで、いいことばかりはない。中には順風満帆の滑り出しではあったが、やがて出現した構造不況の波に見舞われ、不遇な目に遭った人もいる。あるいはサラリーマン生活での苦い経験が、それまでの人生を見つめ直す契機《きっかけ》となって、生き甲斐のある人生を見出した人もいる。

それはともあれ、平和な時代を生きて定年を迎えた人たちは、その反面、若い時に自らの意志で人生の目標を定め、それに邁進した人は案外少ないのではないだろうか。臨床精神科医として過ごしてきた私は、今のところ生涯現役のつもりでいるので、定年退職を迎えることはないだろう。それだけに実感に乏しい憾《うら》みはあると思われる。

とはいえ、同世代の友人たちの定年後の身の処し方も見聞してきたし、長年にわたって多くの患者さんにも接してきている。何らかの点で読者の皆さまの参考になれば幸甚である。

定年と第二の人生

目次

序　章——団塊世代の原風景

一　スーダラ節

一九六〇年代の初め、昭和三五年頃には、植木等《ひとし》の「スーダラ節」が一世を風靡した。映画「日本無責任時代」も大ヒットとなった。「スイスイ、スィダラダッタ、スラスラスイスイスィ」と歌いながら軽妙に踊りまくる植木の姿は、気楽な稼業とはいえぬ平均的なサラリーマンにとって、日頃の鬱憤を晴らす束の間の開き直りとなり、共感を呼び起こさせ喝采を博した。

個人の幸福に対しては何の責任も持たぬ体制には、無責任な態度で居直るよりないとするささやかな抵抗であった。「コツコツやる奴ァ、ご苦労さん」と舞台にしゃしゃり出てみると、周囲の棘のある視線に「お呼びじゃない、こりゃまた失礼しました」と引き返すシーンも満場の喝采を浴びた。

その軽妙な身振りや呆《とぼ》けた歌に、思わず苦笑しながらも、同時に私自身もまた揶揄《やゆ》の対象にされ、侮辱されているような憤りを覚えたものである。その頃、私は旧来の収容型の精神病院の在り方に反対して、都市型の精神療法的な精神病院の建設を目指して奮闘していた。その努力までもが茶化されているようで、不快感に襲われた。

私たちの世代の多くは、国土防衛という大義名分のために戦場の露と消えた。学徒動員で旧制高校から海軍を志願した中学時代の友人は、特殊潜航艇の艇長となった。だが、敵機に撃沈され部下全員は海底の藻屑《もくず》と消えたが、彼のみ海上に浮かび上がり救助された。しかし、おのれ一人生きて帰れるかと、長崎の基地で状況報告したあと割腹自殺して果てた。多くの前途有為な若者たちが、虚しくあの世へと旅立っていった。

戦時中には生死の境を彷徨《さまよ》い、辛うじて生還してきて、敗戦後の焼け跡からの再建に苦労している同世代までが、笑い飛ばされているように思われた。

後になって知ったが、植木という人は根っから真面目なだけに初めて「スーダラ節」の譜面を渡された時、憤ったといわれる。出演を断ろうかと最初は思い悩み、故郷の父親に相談したそうである。

植木の父は浄土真宗の寺の住職であった。息子の出演に賛成し、むしろ鼓舞したという。だが、当の植木本人は「分かったちゃいるけど、やめられない」と歌うたびに肚《はら》が立ったといわれる。

親鸞の創始した浄土真宗は、他力本願の易行門《いぎょうもん》であり、浄土教の一つである。平安末期の源平の盛衰から鎌倉初権への世の推移を、目の当《ま》たりにした人であった。平安中期に市《いち》の聖《ひじり》といわれた空也は一時《いっとき》、市井に隠れ、街角《まちかど》に立って撞木《しゅもく》と金鼓を打ち鳴らしながら、春風駘蕩と踊りだし、民衆の心を和《なご》ませたといわれる。日本浄土教の先駆者であった。

鎌倉末期に現れた同じ浄土教の一派、時宗の一遍もまた街角や市の河原で民衆とともに踊り、束の間の開放感をもたらしたと伝えられる。世に踊り念仏という。

この時期、私は激動する世相から一歩離れたところで、自分の仕事に没頭していた。人生どう生きるかは人それぞれの勝手であるが、結果的には生活関連の中でおのれと他者とを規定する以外にはないだろう。

戦争を知らない世代

「戦争を知らない子供たち」である戦後生まれのこの世代は、世界的規模で拡大したシテューデント・パワーを経験した人たちである。三派全学連による羽田闘争はまさに政治の季節であった。

アメリカの占領政策による家族主義的な日本の共同体社会の解体と相俟《あいま》って、アメリカ的な利潤追求に連なされ、管理社会という非人格的な構造に制縛《せいばく》される時代の重圧に漠然とした不安に捉われていた。経済至上主義の時代の風潮は、朝鮮戦争の勃発による工業化とそれにともなう経済復興は組織に従属させることを意味した。

大学もまた大衆社会の一環に組み込まれ、技術的な知識の伝達の場に過ぎなくなったという不満も醸成された。一種の被害者意識の反映であったともいえよう。高度成長による富裕化消費文化に象徴される大衆民主主義の出現である。

二　定年今昔

戦前は現在と異なって、時には不況の時期があったとしても、全体としてみれば時の流れもゆったりとして、どことなくのんびりしていた。大企業に勤めている人なら五〇歳までに小金を貯め、定年時の退職金を併せれば、家作の一軒や二軒は建てられた。長年の慣例で生活設計もほぼ一定化していた。

隠居して好きな盆栽などで悠々自適に過ごすことも可能であった。隠居とは煩わしい実世間から退いて、他人から制約を受けずに自由気儘に過ごすことのできる境涯《きょうがい》である。親しい知人たちと囲碁や将棋を楽しんだり、俳句をつくったり、庭いじりでもしていれば事足りた。年老いて認知障害が起こる頃には、多くの人はあの世にいった。

趣味で生きられ満足できれば、その人にとって幸せである。「碁敵は憎さも憎し懐かしし」とは、碁好きの心を巧みに捉えた名句である。

落語にもこんな話がある。「笠碁」といわれる。店番をしている隠居が、待ったなしの約束で碁敵と碁を打ったが、まずい手を打って困惑した。「待ったというわけじゃないが、ちと都合が悪い。ちょっとだけどけてくれ」といい出した。相手は承知しない。「自分からいい出したんじゃないか」と怒った相手と口喧嘩になり、エスカレートして勝負とは関係のない昔の金銭の貸借の話まで出て、長年の友好関係が断絶してしまった。

ところがあいにくの長雨で無聊《ぶりょう》に苦しめられ、うんざりした日は続いた。相手も耐えられなくなってやってくるだろうと、店先の外から見えるところに碁盤を出して、様子を窺ってちょっとでも切っ掛けを摑んだら呼び込もうと待ち構えている。

しびれを切らしたのは相手とて同様である。家を出ようとすると、家人が傘を持って出払っているので傘がない。仕方なく身延山詣でに使った山笠をかぶって、奇妙な姿で偵察に遣ってきた。肩をつぼめ首を振り振り、碁盤が見えるような見えないような思わせぶりな仕草である。

店の中から「やい、へぼ！」と声をかけると、

「へぼたぁなんだ」

「へぼだから、へぼといったんだ」

「よし、どっちがへぼか一番くるか」

と怒鳴り返すと、店に入り込んで碁盤の前にどっかと腰を据える。水滴がポタリポタリと碁盤の上に落ちてくる。

「あっ、お前さん笠をとっていねえ」

昔日の海水浴

戦前といっても今から八〇年も前のことである。私の記憶では現在とは違ってどことなくのんびりしていた。父親の勤めの都合で幼児から小学校一年まで仙台で育った。仙台駅から近い寺小路の借家に住んでいたが、ある時、土・日と一泊で花巻温泉から厳美渓にいった。戻ってみると家が焼失していた。漏電か放火か結局分からずじまいであった。引越

した先の東九番町の家は、路地の入り口から四軒目の借家であった。

五軒借家が並んでいて、突き当たりは生垣《いけがき》をめぐらしたこざっぱりした家で、大家さん一家が住んでいた。大家さんは大企業を定年退職して家作で気楽に暮らしていたようである。六〇年配の品のいい律儀な人柄で、朝夕、日課にして竹箒《たけぼうき》で路地を掃除してくれるので、路地はいつも綺麗に掃き清められていた。

一家は高等工業に通学している次男の悟郎さんと、おきゃんでモダンな女学校四年の次女と夫婦四人の家族で、長男夫婦は別に暮らし、長女も嫁いでいた。

黒縁《くろぶち》の眼鏡をかけた次男の悟郎さんは剽軽《ひょうきん》なところがあって、路地の子供たちからは「ゴロゴロ」の愛称で親しまれていた。「やいっ！　雷のゴロ助、ゴロゴロ、ピシャン」などとふざけてからかっているうちに、可愛がられるようになった。ゴロちゃんは毎朝、登校の途次にある小学校まで私の手を引いて連れていってくれた。

とはいえ、その前年の八月には、世界一周の途次に来日したドイツの巨大飛行船ツェペリン伯号が、その巨大な雄姿を東京上空に現わし市民を驚かせたという明るい話題もあった。だが、その二か月前には、後に今次大戦の起爆剤となった張作霖の爆死事件が満洲で発生している。

農村の疲弊は甚だしく、東北地方、特に父親が営業で巡回していた青森や岩手などでは、多くの農民は餓死状態にまで追い込まれ、娘の身売りも頻繁に行なわれていた。幼かった私には、当時の世相など分かろうはずはなかった。

モーレツ社員で張り切っていた父親は出張が多く、家族連れ立って外出することは滅多になかった。それを見かねてか、一夏《ひとなつ》、海の家を借りたからと大家さん一家が、母と私を一週間招待してくれた。週末に父親が迎えにきて一泊し、日曜には帰宅するというスケジュールであった。仙台近くのゆりあげ海岸であった。

外洋に面していて太平洋の荒波が押し寄せ、今では遊泳禁止になっていると聞いたことがあるが、当時は海水浴場として賑わっていた。海の家の前には砂浜が開けていて、その先は入り江になっていた。外海《そとうみ》に面した海岸は入り江の向こうに中洲のように横たわっていて、大人の胸の辺りまでの深さの入り江を渡らなければ、辿りつけない。悟郎さんの肩に乗って入り江を渡り波打ち際に立つと、途方もない拡がりをもつ海が眼の前に迫ってくる。初めて見る外海の猛々《たけだけ》しさに思わず眼を瞠《みは》った。現在では入り江は埋め立てられてしまったかもしれぬ。

海の家では取立ての魚の刺身や塩焼きも美味かったが、それよりも大人五人と子供一人の開放された生活ももの珍しかった。若い兄妹が加わっているだけに賑やかである。食事の時には些細なことから口喧嘩が始まる。

「生意気いうな、このお転婆め！」

「あーら、そんなことよくいえるわね。しょっちゅう私からお小遣いをせびっているくせに！」

大家の小母さんはしょうことなしに苦笑している。一人っ子の私には羨ましく思われた。今から思えば懐かしい思い出である。

三　中高年の悲哀と定年離婚

現在、勤務先から家に帰りたがらぬ中高年の夫が増えているといわれる。かつての一般家庭には、まだテレビもなかった。卓袱台《ちゃぶ》（円形のテーブル）を囲んで、一家団欒しながら食事をとる家庭も多かった。

ところが、現代では会社の仕事に疲れ果てて戻ったところで、夫婦の会話もなく話題といえばせいぜい子供の学校のことぐらいで、殊に夫婦共稼ぎともなれば妻のほうが強い。

家事もろくに手伝わないと文句ばかりいわれては、家も憩いの場ではなくなってしまう。挙句の果てに子供たちが大きくなったと、一方的に離婚を宣言されるケースもあるようである。

そんな母親に育てられた子供たちは、父親を尊敬することもできず、親しみを示すこともなくなる。母親とともに家を出てゆくことになる。独り身となって家に戻れば、寒々とした空気に寂寥《せきりょう》感に襲われ、孤独の思いが募ってくる。たまには子供たちに会いたいと思っても、それすらかなわぬ例もあるようである。

働き蜂は用がすんだとばかりポイ捨てにされるようなものである。このようなケースが、中年男性の自殺の二〇パーセントを占めているといわれる。

旧来の慣習では夫は社会で働き、妻は家庭を守るのが当たり前であった。だが、現代では定年になったら夫婦でのんびり海外旅行でも愉しもうと勝手に思いこんでも、相手のあることでしっぺ返しを食いかねない。夫婦生活も長年続くとなるとマンネリ化して鼻につく。新婚時代のように新鮮さが色褪《あ》せるのも自然の流れである。

だいぶ以前のことになるが、定年退職した男性が不眠と憂鬱で入院してきた。のんびり海外旅行をしようといい出したところ、にべもなく断られたという。私も専業主婦を定年退職させてもらい、今まで勉強してきたアクセサリーの店を始めたいといい出された。娘たちも大いに賛成して陰ながら激励してくれているという。まさに寝耳に水で、わが耳を疑い狼狽《うろた》えた。カッとして「誰のお陰で今日まで暮らしてこられたのか」と思わず怒鳴りつけたところ、さっさと娘の嫁ぎ先にいったまま、いまだに戻ってこないとのことである。妻にしてみれば、自分の欲求を圧殺して生きてきたという長年の不満の鬱積がある。

何をいまさら店を開くのか、失敗すれば元も子もないと危ぶんでも、妻の意志は変わらないとなると、待ち構えているのは別居か離婚である。一か月ほど入院してよく考えてみたいということであった。結局、思い悩んだ末に妻の決意に従い店を手伝うということになった。だが、うまくゆくとばかりは限らない。

こんな例もある。地方の小都市の不況は深刻である。妻の経営していた店が破綻して、債権者からは責め立てられるので、長年、その地域の企業に実直に勤めていた夫も巻きこまれて鬱状態になった。その結果、得意先から集金してきた金を着服して、夫婦で蒸発したという事例を聞いたこともある。入院してきた男性の患者の思いもあながち杞憂とばかりはといい切れぬ。

定年は確実にやってくる。だが、そこから先のことは考えずに、従来からの生活習慣を疑うこともなく、会社の仕事にかまけて眼をふさいでいた。避けていたい心情も分からぬではない。とはいえ、少なくとも三、四年前から定年後の生活設計について、夫婦でじっくり話し合っておくべきであった。

これまでの人生コースの延長線上で、余裕《ゆとり》ある老後を過ごせるのか、それとも第二の人生を構想して果敢に挑戦してみるのか、その選択を夫婦で慎重に相談しておくべきであったろう。

大企業の総務部長で定年となった学生時代の友人は定年後、家でしばらくの間ぶらぶらしていた。初めのうちこそ妻も気を遣ってこまめに世話を焼いてくれたが、半年もすると鼻につき粗大ごみ扱いにされるとボヤいていた。そこで一念発起、思い立って気持ちを切り替え、翌年の春に、母校の大学院の臨床心理の聴講生となった。講義に出席してみると周囲の男女の学生たちは、若々しくピチピチしている。毎日接しているうちに気持ちも若やぎ、活気が出てきたと喜んでいた。

二年を終了した時点で元の会社から声がかかり、リスナーとして再雇用された。リスナーとは会社での経験を生かして、社員の苦情や心配事を聞き取り、心の病だと判断すれば、専門家に廻す役目である。社内の事情に精通しているので、重宝がられて七〇歳まで勤め上げた。その頃、私を訪れた彼は、やり甲斐があると喜んでいた。

また、有能な営業マンだった中学時代の友人は、課長だった頃から陶芸に凝って、同好の知人たちと郊外に窯《かま》を開いた。日曜のたびに通って製作に励んだという。役員を退任してからは趣味に打ち込み、デパートの即売会にも出品するようになった。もとよりプロではないがセミプロの腕前で、細部にまで気を配って丹念につくってあるので、素人《しろうと》の客に喜ばれ、結構小遣い稼ぎになると笑っていた。定年後、趣味に生きる一つの例であろう。

第一章——団塊世代の未来像

一　団塊世代とは

団塊世代とは一九四七年から四九年（昭和二二年から二四年）までの三年間、ベビーブームの波に乗って生まれてきた戦争を知らぬ子供たちである。その直前の年よりも二〇パーセント、その直後の年よりも二六パーセントも多いといわれる。この人たちが二〇〇七年から九年までに退職を迎える。

少子高齢化が危惧される現在、労働人口形態に及ぼす影響は大きく、日本経済の行く末が懸念される。新聞報道によれば、これにより会社の業務に支障をきたすと答えた企業は三七パーセントもあり、ないとする四二パーセントには及ばぬものの、分からないと答えた企業の一五パーセントを加えれば五二パーセントにも及んでいる。

蓄積された技術やノウハウ、人脈などが失われるが、その中の六六パーセント、技術や技能伝承が難しく質が低下するが五三パーセント、社員数の不足が四二パーセント、管理職不足で人員構成がいびつになると答えた企業も一〇パーセントもあるという。

マイホームの住宅ローンも払い終わり、子供たちも独立し、構造不況の波に翻弄されずに定年を迎えた人たちはよいが、不遇な人たちもいる。企業も再雇用などの対策に取り組み始めてはいるが、年金減少への不安も漂《ただよ》っている。

世の中には光と影がある。かつては一つの業界の好・不況の波は三〇年周期といわれたが、今では三年先のことすら分からない。一年決算どころか、半期決算から四半期ごとの決算へという事態となって、大企業といえども合理化・効率化に躍起になっている。

交通手段の異常な発達でスピードも加速され、地球は狭くなり、体感される時間の流れもめまぐるしくなった。グローバリゼーションの波で、大企業の大型合併や買収も日常茶飯事となった。その傘下の下請け企業や特約店もその動きに振り廻され、しぶとく生き延びないと激動の波間に没してしまう。これでは一〇年先の経営の見通しなど策定できるはずはない。

その一方で、ニートの増加も定年退職を迎える親たちを悩ましている。通学もせずに引きこもり、卒業しても職にもつかず、家にこもって親たちに寄食しているニートと呼ばれる若者たちも、いつの間にか歳をとり、その数も増加している。まだ住宅ローンも払い終えていない人たちは、年金減少の不安の上に、ニートを抱えているとなると、将来への不安は加重される。

とはいえ、団塊世代の定年を迎えて、三五パーセントの企業がビジネス・チャンスと見て業績拡大に期待を寄せているといわれる。大量定年、何のそのである。金融、資産運用、健康、旅行、住宅のリフォーム、生涯教育、外食産業などである。旅行するケースが増えることを予測して、政府も定年退職者を対象として、地域観光のプロデューサーを育成すべく準備を始めたという新聞報道もある。定年退職後に海外旅行などを希望する人も多いようだが、そういえる人は恵まれた部類に属する。

定年を迎えたところで、特異な才能や人脈をもつ人たちなら希望がもてるであろう。アメリカ経済の落ち込みが長引いたとしても、長期的に見れば一時的だという見方もある。だが、それも確実だとはいい難い。先行き不透明だとはいえ、構造不況から脱したといわれる現在、能力さえあれば再雇用となって厚遇される見込みはある。だが、この数は当然限定される。

高度成長という時代

植木が「スーダラ節」を歌った三年前、一九五七年（昭和三二年）政府は経済白書を発表して、経済復興の成果を高らかに謳い上げた。日本人の一人当たりの国民所得は、その三年後には驚異的に上昇し、三六・三パーセントにもなっていた。国民の六〇パーセントは自分たちが中層階級だと思い込まされた。

団塊世代の第一陣が社会に進出してきたのは、その前年のことであった。新制中学卒の人たちが地方から都市へと、将来への不安と期待を抱きながら続々と車中の人となったのが、集団就職のはしりである。それから三年後には高校卒、さらにその四年後には新制大学卒の若者たちが、続いて社会に登場してきた。

当時の学生たちは卒業時点で官庁や一流企業への就職を、それがあたかも勉学の目的であるかのように考えていたようである。明日は今日よりも豊かになり、寄らば大樹の陰といわれるように、引き続き高度成長の波に乗れるであろうと想像していた。

終身雇用制度と年功序列賃金体系のもとで、バラ色の人生を送ることができるだろうと錯覚していた。学生などという身分は、修業中のモラトリアムを意味するに過ぎぬということを、親からも教師からも教え込まれていなかった。

アメリカの精神分析家エリクソンは、青年期を心理・社会的モラトリアムと表現している。青年期は修業期間であり、社会的な義務や責任を猶予されているという意味である。義務や責任を免れて、有為な社会人になるために修養を求められるということは同時に、その期間中は禁欲をも要求される。社会的に役に立つ一人前の人間になることが期待されるからには、青年は欲求不満と闘いながら、それを克服しなければならぬということである。

自意識が過剰になるのは、青年期に特有な現象である。「自分はどうあるべきか」、あるいは「自分とは何か」と自問自答する時期でもある。大人になるということは、青年期に自らが選択して一定の職業をもち、社会的な義務を果してゆくことだというのは、西欧近代の教養主義の考え方である。

フランスの哲学者ベルグソンは、幼児の性格は混沌としていて分割不可能であるが、成長するにつれて瞬間ごとに状況に対応するために、選択し続けてゆくのが人間の生涯であると捉えている。

人間は成長してゆく過程で、そうなり得たはずの、あるいはそうなりかけていたものの残滓《ざんし》を撒き散らしながら、それぞれの生活を送ってゆくとしている。放射線状に伸びゆく時間の流れのいずれを選ぶかは、その瞬間によるとして、生命の一貫した進化の過程と捉えている。

モラトリアムとは本来、天災や動乱、あるいは暴動などという非常事態下で一定の期間、国家が債権や債務の決算を猶予して、信用の崩壊を防止するための措置で、いわば支払猶予期間のことである。日本でも室町時代の後期、農民と地侍《じざむらい》などが下克上の風潮に乗じて一体となり、その強要により徳政令が発布されたのも、その一つの現われであった。徳政一揆と呼ばれる。揆とは行動を一《いつ》にするという意味である。

心理・社会的モラトリアムが否定的な意味で捉えられるのは、現代の風潮に安住して若者たちが無気力になり、いつまでも自己中心的な幻想の擒《とりこ》になっている世の中にきたからといえよう。現代の先進国の間では、成熟した大人としての自覚をもつ年齢が一〇年近くも遅くなり三三、四歳までも、青年期心性をもち続ける傾向が出現したからである。

私たち戦中派の世代は旧制高校、大学予科の頃には、徹夜で人生を論じ恋愛を語って時を過ごしたものである。当時のいわゆる大正教養主義が、日本人の人格形成に大きなプラスの意味をもったかどうかについては、評価の分かれるところであろうが、それは別にしても、そこには青年期の情熱があった。大学大衆化と知的技術の偏重という現代の教育には再考の余地があるのではなかろうか。

高度成長期に青年となった団塊世代の若者たちは、自分たちが修業期間中だという自覚も薄れ、大学という狭い枠の中での競争に明け暮れた。そこから落ちこぼれた者たちは遊び暮らす。大多数の若者たちは成績優秀で一流大学という関門を突破しさえすれば、人生もはや我が事成れりという錯覚を抱かされた。

団塊世代と占領政策

敗戦後しばらくは飢《ひ》もじい時代であった。日本の工業生産はたび重なるアメリカ軍の空爆で壊滅状態となっていた。米ソの対立による冷戦構造の中で、アメリカは世界の警察官を自負した。

アメリカの占領政策は、日本を非武装化し無抵抗な農耕民族国家に仕立て上げることにあった。日本人を従順な民族に変質させ、アメリカの核の傘の下での恒久平和という幻想を徹底させようとした、戦後の日本は象徴天皇制という形態で、辛うじて歴史の連繫が図られた。そうすることが占領政策がスムーズにゆくというアメリカの思惑も働いていた。

日本人の多くは、無条件降伏は圧倒的なアメリカの物量の前に敗《やぶ》れたと思い込まされた。だが、実態はアメリカと中国との連携に敗れたのである。アメリカに追随することで世界を見せられた日本人の大多数は、非武装中立の平和国家という幻想を抱かされ、自己欺瞞を抱いたまま、ただひたすら経済復興へと走り続けた。

中国からすればアメリカの核の傘の下で安住しながら、よくまあ自分たちは平和愛好国家だなどと綺麗事がいえるものだ、安全保障は丸ごとアメリカにおんぶにだっこじゃないかと反論するのも当然であろう。

終戦の年、中国で蔣介石の国民党と毛沢東の共産党との内戦が始まり、蔣介石が敗れて台湾に逃れなかったならば、日本の復興は三〇年は遅れたであろうといわれる。時は移り世は変わる。仮に朝鮮戦争が勃発しなかったら、現在の日本はどうなっていたであろう。

一九五〇年、朝鮮戦争が始まると占領政策は大転換を余儀なくされた。日本を軍事物資の補給基地として利用せざるを得なくなった。いわゆる朝鮮特需に日本の潜在工業力は復活し、にわかに活気づいた。復員してきた男たちは企業戦士として戦後復興のために立ち上がり、日本の工業生産は奇跡的に甦えった。やがて日本のヴァイタリティーとか、特殊な労使慣行といったものが、海外からも注目されるに至った。今から思えば二一世紀は日本の世紀などと煽《おだ》てられ、有頂天になったのも昨日ことのようである。

二　花形だった団塊世代

戦後の高度成長期に人数の多かった団塊世代の人たちは、商品企画や広告の対象としてもてはやされ、若者天国などと持ち上げられた。消費文化、使い捨て文化の花形と煽てられた。ジーンズやミニスカートの爆発的な売行きから、若者たちは自らの特徴や個性を際《きわ》立《だ》たせると思い込まされた。

画家ルオーは友人への手紙に「私たちは程度の差こそあれ、みな道化師なのだ」と書き送っている。自分たちが時代の道化師の典型に仕立て上げられているとは夢にも思わず、流行の尖端をゆくことに誇りを感じた。

マーケティングの本もよく売れた。その焦点は経営効率に定められていた。他人よりも際立ちたいという人間の欲望につけ込み、人為的に差異を演出して購買欲をそそらせた。しかも、団塊世代以降の子供たちを消費者予備軍に仕立て上げ、あんな恰好をしてみたいと煽《あお》り立てることで売り込み対象を拡げようとした。

生まれながらにしてテレビを見て育った当時の若者たちは、戦前の家族のように食卓を囲んでの団欒《だんらん》を経験することなく、横並びに座ってテレビの番組を鑑賞した。情報伝達のスピードも変化し、商魂たくましい業者の操作により、流行も目まぐるしく移り変わった。

周囲から爪はじきにされるのを怖れて、内には競争心を燃やしていようと、表面を取り繕《つく》ろうのが当然とされた世相に従った。若い男たちの間で、優しさが美徳であるが如きイメージが浸透し、定着していった。

都会に出現した団地は閉鎖的なアパートやマンションの集合であった。便利で清潔は文化的な生活への憧れを煽り立てたが、江戸時代の長屋のような底抜けの開放的な気分は消失させられた。

一九六〇年以降のクルマ社会の出現はスピード化とともに閉鎖的なプライバシー尊重を助長し、乗り合わせるのも他生の縁といったような人間の相互交流を稀薄化させたといえよう。そのゆくつくところは、相互不干渉、自己本位の個人主義国家の出現であった。

団塊の競争社会と受難

ベビーブームの流れに乗って生まれてきた戦後世代の人たちは、幼少期には敗戦の廃墟の中から立ち上がり、汗水たらしてやみくもに働く父親の姿を見て育ったはずである。とはいえ、乳児期の記憶はまだ言語が成立していないため、記憶としては残っておらず痕跡《こんせき》として堆積しているに過ぎない。戦後の荒廃した時代に、何とか家族を飢えさせずに糊口《ここう》をしのごうと、躍起になっていた親たちの姿は無意識の底に埋没している。

しかも、権威の象徴であった父親たちは敗戦のショックで自信を失い、子供たちを鍛えてやろうとする気概も失っていた。

戦後の平和指向、平等主義は差をつけることに抵抗し、人はみな平等で男も女も差別はないと教え込んだ。だが、抑え込まれた競争心は陰湿な形で熾烈となり、受験地獄を出現させ人を出し抜いてもいい学校、いいところへ就職という欲望を煽り立てた。その局面を切り抜けて社会人となっていった当時の子供たちには、どこかいびつなものがなかったとはいえまい。自由とは責任をともなう選択の自由であり、そこから先には厳しい競争社会が待っていると、あからさまには教え込まなかったからである。

だが、さて社会に出てみれば出る杭は打たれるで、下手に出しゃばって上司から睨まれれば、出世の階段から振い落とされる不安がある。みんな横並びとなってよく働いた。

大学卒の団塊世代の第一陣が定年退職の時を迎えたのは、平成一九年であった。高度成長の波に乗り、価値観や生活様式も一応は安定していた一時期の社会では、官庁や大企業に就職しさえすれば年功序列、終身雇用が通用していた。その枠の中での出世競争はあっても、生涯安泰に過ごせると思われた。寄らば大樹の陰である。

とはいえ、栄枯盛衰は世の習い、ひとたび日本経済が停滞局面に入り、構造不況が長期化すると、大企業といえども安泰とはゆかなくなった。土地の値上がりや株価の上昇に酔っていたバブル経済は一場の夢と化した。

台湾や韓国、さらには東南アジアの国々も低人件費を武器に伸び始めた。お隣の共産主義大国の中国も、政治体制はそのままにして、資本主義経済へと舵を切り替えた。日本の国際競争力は低下し、多くの企業が経費節減のため人減らしに動き出した。一転して不況の波が吹き始めた。

不況になれば設備だけではなく、人員も過剰となる。子会社への出向や配置転換、あるいは役職定年制などにより生き残りを模索したものの、それでも間に合わなくなった。グローバル化の波は、製造業に人件費の安い海外への移転をうながし、国内の空洞化が懸念されるようになった。

大企業といえども企業存続を図るためには贅肉を剝ぎ落とし、思い切った人員削減に踏み切らざるを得なかった。大企業同士の合併や外資との合併、あるいは企業の一部門の売却まで行なわれる時勢ともなれば、辛うじて自転車操業を続けていた下請け企業も、価格を叩かれ、仕事も減少する。中小企業の倒産が続出した。

ある時期までは会社人間は重役になれるか、少なくとも関連会社の役員に迎えられるという期待を抱けた。だが、一九八〇年代になると、たとえ重役になったところで、取締役の一任期で退任させられたり、子会社のポストも満杯となっているという現実に直面させられた。終身雇用も年功序列賃金体系もまさに崩れ去ろうとしている。

とはいえ、いったん大企業に就職したからには、組織から脱落するのは耐え難い。輝ける六〇年代はいつの間にか、憂鬱な八〇年代へと変貌していった。

会社人間にとって、定年は目前に迫った人生の一つの危機である。五〇の坂を越せば、終着点もかなりはっきり見えてくる。得意先や同僚と酒を飲んで帰宅したところで、ゆっくり風呂に入るのが気休めぐらいのもので、家庭での会話もめっきり少なくなっている。働き蜂が孤独に襲われるのも、この時期である。退職してからゲートボールと民謡だけで満足できる人がすべてではない。

だが、構造不況が持続するとなると、いったん職を失えば人脈や特技でもない限り、再就職が有利に展開することも難しい。技術革新のテンポの速い日進月歩の現代では、単に積み重ねた経験だけではものはいわぬ。変化への適応力の強い柔軟な頭脳の若いものには適《かな》わない。まだ在学中の子供を抱え、住宅ローンの返済もまだ半ばだというのでは、現在の生活を維持することも難しくなる。

縦社会から横社会

団塊世代の企業戦士たちは高度成長期には深夜まで働かされ、家には連日、夜寝るだけという生活を強いられた。いわゆるモーレッツ社員である。趣味ももたず職場以外には友人ももたなかった人も案外多かったようである。会社というピラミッド型の縦社会の中で、半ば自分を殺して辛抱強く働いてきた世代である。

その結果、家庭生活や地域生活を疎《おろそ》かにして過ごし、定年の日を迎えるということになる。団塊世代は理解されない侘《わ》びしい世代で利に合わなかったと、嘆くような人たちも中にいるようである。そうなると地域という横並びの世界に、定年になってから気楽に入ってゆきにくい。現役時代には物事を上から見ていたが、地域となると横からの目線が大切となる。企業人としてある地位にいた人たちは、ややもすると地縁の世界に溶け込むのは容易なことではない。

新たなことに挑戦するには徹底することが肝要である。団塊世代の人たちは戦争体験がないだけにリスクに立ち向かうだけの覚悟が据わりにくい。一歩進み一歩退くだけの根性の足りぬ人も多いようである。何かやろうとしても計画倒れになりかねない。

バブルがはじけると社員教育の費用も削られたが、大企業は好況時に多額の費用を支払って実施したものである。その時の知識を活用すれば、地域に貢献することも可能となるであろう。

定年退職の日が現実に迫ってくるとなると、かねてから承知の上とはいえ、そこはかとない憂愁の翳《かげ》が漂うのも無理はない。長年にわたって座り慣れた机や椅子とも近く縁が切れると思いながら、机の上や抽斗《ひきだし》の私物を整理するとなると、一抹の未練が脳裏をよぎるのも当然である。別離も死も心情的には似たものである。

ついにくる　道とはかねて　聞きしかど
昨日今日とは　思わざりしを

これは平安中期の貴族、在原業平《ありはらなりひら》が栄達を目前にして世を去った辞世の歌であるが、それに近い感懐が胸中をよぎるであろう。定年後の第二の人生をいかに過ごすかは、目下の大きな課題となっている。

世の中の景気は回復基調にあると報道されたのもつい最近のことであった。それもすべての業種にわたるものではないとされた。だが、今やアメリカのサブプライムローン（個人向け住宅融資）の影響による不況への不安が、長引くかどうか危ぶまれている。地方の小都市の駅前の商店街などは軒並《のきなみ》シャッターをおろしていて、さびれた風景を見かけることが多い。中小企業の多くには冷たい風が吹いている。グローバル化された世界の流れに棹さして乗り切るのは容易なことではない。

格差社会というテーマは、政治的にも経済的にも論議の的《まと》になっている。日本社会の貧富の差はアメリカや中国、ロシアやインドなどに較《くら》べれば、遥かに小さいといわれながらも、その傾向が拡大されてきたといえる。

小・中学校の優等生から一流大学へと、いわゆる秀才コースを歩み、有名企業のエリート社員となった人たちとて、栄達へのコースから外れたとなると、第二の人生はそう生易《なまやさ》しくはないはずである。生真面目《きまじめ》で取り越し苦労性の人たちは、鬱が遷延《せんえん》しかねない。

定年退職を迎えた団塊世代とて、決して均質的な集団ではない。リストラを免れた人たちで、住宅ローンも払い終え子供たちも自立したかどうかが、岐《わか》れ道となっている。金銭的にも余裕《ゆとり》があって、趣味に生きられる人は限られてくる。早期退職を余儀なくされ、出させられた下請企業が倒産したなどという気の毒な人もいる。

カネとモノという物質至上主義の横行するこの時代を、やみくもに働いて過ごしてきたこの世代の多くは、社会貢献への関心も薄く、農業への関心もあまりないといわれる。NPOなどで活躍する人も、一部に限られてくるであろう。定年となって、毎朝多数のサラリーマンたちが、最寄の駅に急ぐ姿を眺めると、自分一人だけが取り残されゆくような気分にもなりかねない。

三　いわゆる鬱病の蔓延

このところ一〇年連続で自殺者が三万人を超え、その対策が大きな課題となっている。先進国の中でも日本の自殺者の数は、アメリカやドイツの二倍、イギリスやイタリアの三倍以上になるという。厚生労働省も自殺者の減少を目標に研究班を組織した。大企業もその対策に頭を悩まし、産業メンタルヘルスの分野でも大きな課題の一つになっている。バブル崩壊後の後遺症の現われでもあり、日進月歩の技術革新の現われでもあるともいわれている。

バブル崩壊が始まると大企業では「中抜き現象」が出現した。効果を早めるには中間管理職は不要とされ、成果主義が横行した。

グローバルな企業間の熾烈《しれつ》な競争は一刻の息抜きも許されない。時間は早撮り写真のようにスピードを加速している。新幹線が開通して間もない頃、京都での学会から帰郷した折、浜名湖の畔《ほとり》を通過した時に次の一首が脳裏に浮かんだ。

西日射し　寒風すさぶ　冬の瑚《うみ》
波はきらめき　尖りては散る

鮮烈な印象に心を打たれたが、余韻にひたる時間はなく、列車はアッという間に通過した。かつてはサラリーマンは関西に出張すれば一泊したのに、今や日帰りできる世の中になった。地球も狭くなったものである。

雇用形態もパートや派遣社員の増加などで終身雇用、年功序列というかつての慣行も崩れた。警視庁の統計によれば、四〇歳以上の自殺、特に五〇代の男性の自殺が目立つという。その原因としては病苦や離婚などからアルコール依存へと逃避し、自殺するケースが最も多く、経済不安や生活苦などがそれに続いている。

中には定年後の再雇用に望みをかけたのに、入院が長期にわたったからとあっさり拒否され、アルコール依存となったという気の毒な例もある。

昔は自殺未遂をすると、かえって生きる意志が強くなるといわれたが、中年期以後となると取り返しがつかぬとの後悔が抜けきれぬ例が昔からある。しかも、最近では自殺者の年齢層も拡大する傾向にある。何度も自殺に失敗した者がインターネットで同類を誘い込み、練炭ストーブのガスで集団自殺をしたというニュースが報道されることが多い。自分一人で死ぬこともできず、道連れがなければ実行できぬような人たちが増えているようでは、日本人も意気地がなくなったものである。

最近、入社三年以内に会社を辞めてゆく若い社員の数も急増し、三〇パーセントを超えるといわれる。団塊世代とそれより少し前の親たちから生まれた子供たちである。それを彼ら自身の人間性や大学教育の質に求めるのはナンセンスだという記事を眼にした。企業が成果主義の名のもとに、若者絞りを推進しているからだというわけである。それを完全に否定しようとは思わぬが、現代の若者たちの多くは、少々きつかろうが、職場に適応しようと前向きに努力して、そこを突き抜けようとする根性に欠けていることは否定できまい。おのれのことを棚上げにして、他に責任を転嫁しようとする戦後の自分本位の風潮を、安易に肯定する無責任な意見に過ぎぬように思われる。

一部の秀《すぐ》れた者を除いて、現代の若者たちは総体的に見れば芯が弱くなったようである。ひとたび社会に出れば初めはつらいのが当然で、給与をもらいながらの修業中の身である。これも一つの試練であるという覚悟が据わっておらず、安易さに逃避しようとする。

バブルのはじける前には残業稼ぎが横行した。残業手当を加算して月収を増やそうとする風習といえる。だが、今では企業の側でも業種による繁忙期には残業続きという事態はやむを得ぬが、月平均では平準化しようと努力してきている。

最近では鬱による自殺に対して、会社側の責任とする労災認定も増えているようである。変化が烈しくストレスにさらされることが多くなったのは事実とはいえ、ストレスを溜めぬよう、うまく気分転換する柔軟な強靱さに欠けるところがあるのではなかろうか。幼少期からの親の躾けや学校教育にも箍《たが》の弛んだ甘さがあるようである。

五人に一人は鬱

何年か前、地球上の住民の五人に一人は鬱であるという調査結果が報道された。鬱の流行である。そのため、かつては鬱病と診断されると精神病というレッテルを貼られると怖れて敷居の高かった人たちも、気楽に精神科の外来を受診するようになったのは、喜ぶべき現象である。

しかし、鬱状態は確かに増えているが、鬱病や躁鬱病が増えたわけではない。アメリカ発の診断基準のマニュアル化の影響が強い。患者の状態が鬱のいくつかの要件に当てはまれば、簡単に鬱病と診断される。アメリカ流の簡便化・効率化の現われである。患者さん個々の症状や原因らしきものの内容や、微妙なニュアンスの違いなどには頓着なく、荒っぽい数量化で判断される。

私たちが精神医学を教えられた昭和二〇年代の後半には鬱病、二極性の躁鬱病と反応性鬱病とは区別され、時には抑鬱神経症と診断される症例もあった。反応性鬱病とは心因によるショックで発症し、多くは一過性である。

だが、初老期に起こるとやり直しがきかぬと思い込み、後悔からくよくよして遷延することが多い。神経症ではふとした些細なことから鬱状態を呈することがあったが、鬱症状は一過性であった。ところが現在では抑鬱状態の遷延が増え、これもまた安易に鬱病と診断されている。

鬱病・躁鬱病は人格の統合性が破綻する統合失調症（分裂病）と並んで、内因性精神病とされた。内因とは遺伝的・素質的な要因を指し示す。鬱病・躁鬱病は気質的な要因が優位とされ、情緒性または感情性と見なされた。典型的なものでは生命感情が沈滞して情動が制止され、心は悲観的な気分に占領される。

自分は無能力で周囲に迷惑をかけているとおのれを責め、厭世《えんせい》的となって自殺したいという衝動に悩まされる。普通なら外に向かって発散される攻撃衝動が、壁にぶち当たって撥ね返され、おのれ自身に向けられると考えられる。鬱が極度になれば悲観的な気分は妄想様の確信にまで増幅され、無能力妄想や貧困妄想の出現することとすらある。鬱が強度となると行動力も制止され自殺に走ることも少ない。

ところが治療によりやや軽快に向かうと、観念的には悲観的のままなのにもかかわらず、生命エネルギーが賦活《ふかつ》されるため行動力が復活し、この時期に下手に激励したりすると自殺することが多い。

その反対に、極度の鬱となる前の段階で、防衛メカニズムが働いて昂揚するのが躁である。感情爽快、多弁多動となって、調子がやたらに高くなり、躁《はしゃ》いだり傍若無人となって他の迷惑も考えずに深夜まで電話をかけまくったり、濫費《らんぴ》に走ったりする。躁状態がさらに強度になると、誇大妄想の出現することもある。

この二つの相が双極的に交替するのが躁鬱病であり、鬱だけが反復するのが鬱病である。鬱病・躁鬱病の基底には、循環性格とか周期的性格といわれる気質があって、躁ぎ過ぎの調子のいい時期と、軽い憂鬱な気分との時期とが、健常といえる範囲内で変動するような人たちは、必ずしも躁鬱病になるとは限らない。

気分が沈んで何もかも手につかぬスランプの時期はあっても、沈滞期が過ぎると陽気で社交的な適度の躁気分が続いて、仕事もはかどり、世間的に成功する人も存在する。

かつては、典型的な躁鬱病は明らかな心理的な契機もないのに発病するとされてきた。

周期的に循環する気質が主なる要因だとするならば、当然の帰結である。だが、現在では、単なる気質的な遺伝素因だけでなく、乳幼児からの成長過程での人格形成の歪みも重視されてきている。どこからどこまでが典型的な鬱病や躁鬱病で、どこからが心因的な要因の強い鬱なのかとなると、これもまた微妙で判然と分けられるものではない。

最近、欧米では鬱に著効のある向精神薬が次々と開発され、日本でも公認されて実際に効果を挙げている。確かに薬物の進歩には眼を見張るものがある。だが、薬物だけで治ってしまう人も多いとはいえ、みんながみんなうまくゆくとは限らない。一時は治ったように見えても、性格形成の過程での心的葛藤を無意識下に押さえ込んでいて、ちょっとしたことで再び鬱におちこむ人も多いのである。

近年のアメリカでの調査結果によれば、薬物療法のみの人と精神療法を併用した人とでは治り方には差異はないが、その再発率は精神療法を併用した人のほうが少ないと報告されている。

人間誰しも一生のうちに、一度や二度は憂鬱におちこむような体験をする。だが、いわゆる健常な人は失敗や挫折、あるいは別離や喪失を経験した以前の人間関係を、心の中で再現し整理し直すことができる。

ところが鬱におちこみ易い人は、過去の出来事を想い出して、あの時あんなことをしなければよかったと、いつまでもくよくよ後悔し、過去を現在に引きずっている。しかも、病的な鬱にまでおちこむような人は、現実に起きた事実を心の深いところで否認して、何事もなかったかのように装《よそお》とする。そのため反省や現実検討がされずにやりすごされてしまう。これでは立ち直ることはできない。反省は後悔とは異なり、過去の失敗を冷静に想起し、二度と同じ轍を踏むまいと考えるのが反省である。

四　老年と鬱

人生いかに長寿をまっとうしたところで、たかだか一二〇歳、いつ何時《なんどき》、何処《いずこ》でこの世からおさらばするかもしれない。人の一生などというものは、長い時空《じくう》の流れから見れば、泡沫の如き束の間の一滴に過ぎない。

老境に入ったと思い込めば、当然気力も萎《な》えてくる。もはや周囲に迷惑をかけるだけの無用の長物だと感ずるようになれば、気持ちもおちこみ死にたくもなる。生老病死は世の習いとはいえ、現実に歳をとり長病《ながわずら》いでもすれば生きているのも煩わしくなる。昔ならば老夫婦二人そろって病の床に臥しても、家族や親類縁者がそれとなく面倒をみてくれた。核家族化の進行した現代では、せわしない日常に明け暮れる人たちに、そんなこと望むべくもない。長年にわたって病妻の看護に献身していた老夫が心身ともに疲れ果て、妻を殺して自殺したという痛ましい報道を眼にすれば胸が痛む。健康志向が高まったのも、核家族ゆえの老後への不安が強まったからといえる。

夫婦どちらが病に仆《たお》れて寝込んだ時、子供たちに手厚い看護をして欲しいと望んだところで、期待することに無理がある。自分たちの団塊の世代こそ、核家族化の流れに乗って親と別離した世代である。この先何年か経《た》つと認知障害となり、有料老人ホームに入居していたところで、周囲からは迷惑がられて終《つい》の栖《すみか》とはならぬという不安もある。安心して住み続けられるという保証はない。

時は移り世は移る。昔気質《かたぎ》の夫婦なら、夫がどうしようもない頑固者であろうと、いったん縁あって夫婦になったからには、仕方がないと我慢した。一時《いっとき》の危機さえ乗り越えれば、互いに空気のような存在となり、摩擦も少なくなる。糞《くそ》婆あ、といわれたところで「糞をたれない婆あはどこにいますか?」と泰然としていられては喧嘩にもならぬ。

私の外来に定期的に通ってくる七五歳の女性は、今でもせっせと畑で働いているが、夫は気難しくて何かとうるさい。だが、元来が取り越し苦労性なので、一人家に残っていると嫁にいっている娘のことなど、些細なことまで心配の種になる。不安でいるよりも夫に文句をいわれながれでも、毎日畑にいって働いているほうが気が晴れると述べている。

だが、現代の女性たちは強くなり、自己主張も強い。殊に夫婦共稼ぎともなれば、昔の亭主のように威張ってはいられない。ましてや意識も能力も男には負けないのに、専業主婦となって能力主義の社会から離れているとなると鬱積してくる。若い時には才能を期待した夫も歳を経《へ》ると気力もなくなり梲《うだつ》が上がらぬとなると、幻滅と不満が堆積してくる。

平均年齢が八〇歳と寿命の延びた現代では、六〇歳などは老いの入り口に過ぎない。現在では、先進国では青年期が長引いていて、自他ともに大人と認められるのは、三〇歳近くになってからといわれる。

江戸時代には、一五歳で元服して大人の仲間入りをして、四五歳から五〇歳頃までには多くの人は家督を譲って隠居した。当時と比較すると、大人として世間から認められる成熟度は当時と比較すると、現代の年齢の一・二倍にあたるといわれる。

太古の縄文時代では、幼少時に病で亡くなった事例を除けば、一五歳以上に生き延びたところで、その平均寿命は三一歳であったと推定される。現代ならやっと大人として通用する年代である。

私はもはや八五歳に近づいた現在、われながら歳をとったものだと思う。食も細りこの一〇年で体重も一〇キロは減った。だが、他人から老人といわれると、他人事のように聞こえていい気持ちはしない。「人生七〇、古来稀なり」といわれるが、七〇歳に一・二倍すれば八四歳になる。だが、脳天気なところのある私には、切実な実感などさらさらない。

老境の生き甲斐

定年を迎えると、今までの苦労に自分で自分をねぎらいたいという気持ちになるのも自然である。だが、その一時《ひととき》が過ぎた後、澄み切った心境で静かに晩年を送るような人は、そう多くはないはずである。老け込むだけでは感謝の気持ちも湧いてこない。

人は誰しも自分が一番可愛いが、自己愛を捨て去ることは難しい。それができるような、容貌も穏やかになり、温かな心が滲み出て福徳円満の相となるだろう。老年という呼称を忌《い》み、熟年と呼べという人もいる。草木が生長して花を開き、実った種子は地に落ちる。完熟してまさに地に落ちようとする境地を理想として描き出す。老翁《おきな》の面が想起されるが円熟の境地に到る人は稀であり、そこに到達するのは至難なことであろう。私など死ぬまでできそうにない。

戦後、世が高度成長期へと向かい始めた頃には、新潟などの地方の山間部では老人の自殺が増加した。昔から冬の間は、村の青壮年たちは出稼ぎにいき、春になると戻ってきた。農作業に合わせての移動である。天候の移り変わりを観察してその年の田植えの時期を決めるには、経験をつんだ年寄りの勘が役に立つ。冬の間は家で孫の子守でもしていれば、春ともなれば活躍の場があり、存在感を保つことができた。

ところが、当時の農林省は時代の流れに沿って農業の近代化を推進した。農機具の機械化が進められただけではなく、家の改造も盛んに行なわれた。台所も近代風になり、庭に面していた縁側も姿を消し、玄関も近代風に改められた。これまで庭伝《づた》いに気安く隣家を訪れていた老人たちも、玄関の戸を開けて「ごめんなさい」と、改めて声をかけなければならなくなった。お嫁さんが出てきて「こんにちは、何か御用で」などと、改まった挨拶をされては、訪れるにも気が重くなる。気楽に縁側に腰掛けて、茶をすすりながら世間話に花を咲かせるわけにはゆかなくなった。

しかも、経済成長の掛け声のもとで農業の機械化も進み、天候の変化にもそれほど気をつかわずとも、何とかやれるようになった。老人たちは閑《ひま》になって身をもてあまし、家でぶらぶらして、子守だけで食べさせてもらっているようでは、プライドも持てず肩身が狭い。老人たちは寂寥感《せきりょうかん》を託《かこ》ち始めた。嫁にも余計な気を遣うようになる。自分が余計者だと思い始めると、気力も萎えて生き甲斐もなくなってくる。憂鬱な気分が長く続けば死にたくもなる。

だが、息子夫婦とてやがて年老いて死ぬ。ゆき過ぎに気づき始めた地域の人たちの間に、郷土の文化遺産を後代に伝え、地元の伝統を活性化させようとする気分が芽生え始めた。子供たちや若者を公民館に集め、老人たちにきてもらって、郷土の昔話や芸能、伝統工芸の伝承に心がけるようになった。その結果、老人たちの自殺はようやく減少したといわれる。

鬱と認知障害

歳をとって憂鬱な気分が長く続けば、認知障害へと移行し易くなる。鬱になれば気力も萎え、外界への関心もおのずと薄れてゆく。そうなれば当然、脳の働きも鈍ってくる。老人性の鬱と認知障害（いわゆるボケ）とを見分けることは、経験の乏しい若い精神科医では困難である。

家族に付き添われて受診してきた女性があった。私より四歳年下であった。近頃では話しかけても反応がなかったり、頓珍漢な返事をすることが多い。呆けてきたようだと家族は口を揃えて申し立てる。ところが顔を見ると表情こそ硬いが、認知障害の初めとは思えない。質問すると嫌々ながらの応答ではあるが、そうズレてはいない。そこで私も被検者となって、一緒に認知障害のテストを受けてみたところ、成績は私よりもよかった。真剣に対応してくれたお陰である。

家族はその結果には半信半疑で不審顔であった。付き添ってきた人たちは先妻の兄妹と長男の嫁さんであった。やはりどこか息がかよっていない。若い頃に習った生け花や俳句を再開するように奨《すす》めたところ、一か月後の再診では表情も明るさを取り戻してきた。その後、三か月に一度、報告がてら通院しており、血のつながらぬ子供たちをあてにせず、実の妹と交流しながら趣味に生きると述べ、笑顔も出るようになった。

生き甲斐とは生きる手ごたえを感ずることであり、生きる張り合いがあることを意味する。それは人によりさまざまである。他人からみて結構な境遇だと思われようと、当の本人が張り合いを感ずることができなければ何の意味もない。本人はまだまだやる気十分なのに、定年となって長い間馴染んできた職場から撤退したとなると、黄昏《たそがれ》が忍び寄ってくるような何ともいえぬ寂寥感に襲われ、憂鬱になるのも無理はない。

夫人と長男の嫁に付き添われ、紹介状をもって私の前に現われた中小企業の七〇歳の元、副社長がいる。創業者である先代の社長と苦楽をともにしてきたベテランの営業マンである。勇退前は営業担当の副社長であった。退任の際には現社長から週に二日は非常勤顧問として出社するよう依頼されたが、老兵は静かに去るべきで、それが男の美学であるときっぱり断ったという。

夫人の言葉によれば、会社を辞めてしばらくは庭いじりをしていたが、もともと仕事以外には趣味も持たぬ人で、だんだん不機嫌になっていったという。近頃では何か話しかけても、時々ポカンとして頓珍漢な返事をする。散歩でもしたり、元の部下だった人たちと交際してはどうか、そんなことをしていると呆けてしまうと再三忠告しても、頑として聞く耳をもたず、今では私とは口もきかぬと不満顔であった。当の御本人は苦り切ってどこ吹く風かという表情で、診察室の窓の外を眺めている。

私の質問に対してもぶっきらぼうな答しか返ってこないが、その表情の動きからしても、どうやら鬱の始まりと推定された。そこで「あなたは呆けではなく鬱の初期である。もう一度、社長と話し合って週に一、二度、会社に出てみてはどうか」と奨めてみたが、頑として応じない。「しばらく通院してクスリを服《の》んでみましょう」といっても返事はなかった。

長男のお嫁さんが口を添えた。近頃は不機嫌で姑とは口をきかぬが、私には素直に応じてくれるという。そこで「御本人は通院せずともよいから、あなたが隔週に報告すること。

軽いクスリだから、できれば区の老人施設に通所して、入浴したりマッサージしたり、囲碁か将棋の仲間入りするように」と指示した。

本人は相変わらず憮然と横を向いていた。だが、お嫁さんは見るからに温和そうな人柄で、私のアドバイスを実行しようと熱心に協力してくれた。そのお陰で御本人は一か月後には区の老人施設に通うことを承諾し、集まってくる老人たちとも徐々に口をきくようになり、三か月後には通院してくれるようになった。四か月後には私の顔を見て照れくさそうにしていた。

ようやくその気になって社長に会いにいったところ、大いに喜んで迎えてくれたという。週二回は会社にきて、中堅や若い営業マンにアドバイスしてくれと懇願されたという。みんながアドバイスを求めてやってきてくれるということであった。昔からの体験を話して、現在の状況に合うように取捨選択すればよいと指示しているという。

「今では古くなって通用しないところはあるが、やはり商売には勘が必要ですね」と笑っていた。

人間誰しも歳をとれば老化し、血の巡りも悪くなる。正常な老化でも認知障害は少しずつ忍び寄ってくる。鬱が長引けば老化をはやめ、それだけ進行もはやくなる。それを防ぐには、老いてなおかつ好奇心をもち、物事を前向きに捉える努力が大切だといえる。

ただし、五〇歳代から起こし易い脳の萎縮によるアルツハイマー病とは別の病態である。急激に認知障害が進行するようなら、専門医を受診して鑑別してもらうことが大切である。近頃ではアルツハイマー病及びそれに近い障害も増えているといわれる。

第二章——団塊世代の功罪

一　家父長制とデモクラシー

父親不在と母子未分化

父親不在とは、父親が実際に子供たちの身近で生活しているか否かではなく、確固とした父親像を子供たちの心に植えつけているかの問題である。たとえ父親が外国航路の船長で、年に一、二か月しか家にいなくとも、母親がしっかりとした父親のイメージを子供たちに伝えていれば、父親不在とはいえぬ。

「お父さんは毎日会社の仕事で疲れているのに、日曜までお付き合いゴルフで大変ね」という母親と、「お休みだというのに、また朝からゴルフにいっちゃって」と愚痴《ぐち》る母親とでは大違いである。そうなると父親の影は薄くなる。

戦前の日本では家族内の主導権は実際には母親であり、実質的には母権社会であった。

江戸時代の後期には商家の妻はお内儀《かみ》と呼ばれた。内をととのえる役割を意味する。父親は社会に向けての顔であり、世間の情報はそこから入ってきていたし、それで家父長としての威厳が保たれた。

「亭主の好きな赤烏帽子《あかえぼし》」という言葉がある。烏帽子の色は一般的には黒のはずなのに、亭主の言葉がまかり通った。母親が「仕方ないわね」といえば、子供たちもそれで納得した。所詮は御釈迦さまの掌《てのひら》の中で踊っているとは知らず、空《から》威張りしている孫悟空のようなものであった。

明治生まれの父親たちは概して厳しかった。大正モダンを気取って青年期を過ごした一部の大都市の人の中には、ハイカラぶってレディファーストを気取る西洋かぶれの人たちもいたが、それは例外であった。

欧米では父親原理であるエホバの神が厳然として存在する。聖母マリアの出現は、母親原理を摂《と》り入れ慈愛の精神を導入することで、和《やわ》らげる意図があったと想像される。レディファーストの体裁をとっているに過ぎない。

喜劇王チャップリンも有名になる前までは、夫人に靴下の孔《あな》をかがせていたといわれる。一歩、家庭内に踏み込めば、妻は夫に気を遣う男性優位が保たれていた。日本の男たちは接待に料理屋などを使ってきたが、欧米では家でパーティーを開いて接待する。妻は夫を売り込むために、気を配って客をもてなすのが慣例である。妻は平日でデパートの売り場にきて品定めをしてゆくが、土、日に夫と連れ立って現われ、夫の同意のもとに買ってゆくのが普通であった。

明治生まれの私の父親の如きは、出来損ないに育っては大変とばかり厳格であった。嘘をついたりすれば物置小屋に放り込まれ、まごまごしていると「何をやらせても間が抜けている。そんなことでは先が思いやられる。名古屋か大阪に丁稚《でっち》小僧にやって修業させるぞ」と常々脅かされていた。おっかないから家では温和《おとな》しくしていたが、そのかわりに外で発散していた。意地悪な年下の子をいじめたりして親が抗議にきたこともある。

近所に口うるさい商店のお内儀さんがいた。子供たちが店の前で騒いでいると、家から出てきて叱りつける。悪童たちとしめし合わせて、一斉に走り抜けながら、店先のガラスに小石を投げて割ったりしたものである。だが、父親からは威圧され畏怖していた。

何年か前のことである。父親不在と母子未分化について講演したことがある。その後の質疑応答の時に、聴衆の一人から「近頃の若いものには根性がない。お隣の韓国でも徴兵制がある。日本の徴兵制を復活させたほうがよいと思うが、どうでしょうか」と訊ねられた。そこで私の軍隊体験を話した上で、「あなたの質問の趣旨には半ば同意します。しかし、人には向き不向きがある。軍隊に適応できる人なら自衛隊で訓練を体験しておくのもよいでしょうが、不向きな人にボランティアかＢＰＯを義務づけ、社会体験を味あわせ、視野を拡げさせるというなら賛成です。高校卒の人たちは直ちに、大学進学を希望する人は一年終了後から一年間とするのも、一つの方策でしょう」と答えた。

家族制度と西欧個人主義

敗戦のショックで自信を喪失した日本の男たちは、高学歴志向だった妻に子供の教育を任せ、家庭内の実権を放棄し、会社人間となって経済復興に挺身した。戦勝国アメリカの介入で、従来の日本の歴史は根こそぎに否定され、強固に構築されていた家族制度も崩壊させられた。時代の変化に敏感なのは若者の特権である。戦時中の軍部の横暴ぶりを思えば、占領軍が開放の使徒と映ったのもあながち幻想とばかりはいい切れない。

眼前には豊かなアメリカ型の民主主義がお手本として掲げられている。封建制度のしがらみから解放されることこそ自由への道である。明治以降近代化へのコースを辿りながら、たちまち軍国主義へと転換し、敗戦へと追いこまれたのは日本人の意識の遅れであると、いわゆる進歩的知識人たちは口を揃えて叫んでいる。

すべて新規まき直しであり、封建制度の遺物である家の重圧から、開放されることとこそが自由への道である。自己実現、個の独立という言葉は、重く覆いかぶさってきた家の束縛からの、自由を意味する。家の存在や他人への気遣いで初めて認知されるおのれなどというものは、正確な意味での近代的自我とはいい得ない。

江戸時代二〇〇年以上にわたって培われてきた家父長制度による家の存在如きは、自由に羽ばたくことを妨げる束縛であった。敗戦のショックから立ち直るための理想の実現は、民主主義の確立であり、アメリカこそ若者たちにとって、前方に光り輝く星であった。

だが、年配の人たちにしてみれば、敗戦により制度的に家族制度は解体されたとはいえ、家中心の慣習から脱却するのは容易なことではない。親の世代にしてみれば、個人本位の新制度により自分たちの家が崩壊させられる危機感がある。子供たちが離反してゆくことへの憤りとも寂しさともつかぬ寒々とした感情を抱いたのも無理はない。一方、現在から見れば、皮肉なことに家庭はいつ壊れるかもしれぬ不安定な存在と化し、それを守るために緊張と気遣いが求められる。

戦前の日本の家庭は、一面では破ろうとしても容易には壊れぬしがらみではあったが、同時に世間の荒波から安んじて身を守る防波堤の役割をはたしていた。

自由競争の原理と契約思想を基準とするアメリカ型の社会を日本に持ち込み、軍事、経済面のみならず、精神面まで武装解除しようとしたアメリカの意図は成功したといえる。

しかし、今日《こんにち》の眼でみれば、進歩的知識人たちの尻馬に乗せられアメリカデモクラシーを、無批判に取り込んだツケが廻ってきたといえるかもしれぬ。

だが、敗戦当時の若者たちにしてみれば、夫婦単位の独立した家庭こそ憧れの的になった。親の嘆きなど何のその、厄介な家族との絆を断ち切って、他人の介入を許さぬ二人だけの愛を貫くことこそ第一義であると、進取の気性のある若者たちは考えた。それを道徳的な一つの規範にまで高めたのが、西欧個人主義の特徴である。

別個の人格である独立した男と女が相互の意志により契約し、結婚するのが美徳であるとする、西欧近代の理念に憧れたのも時のなりゆきである。

二　教育ママと教師像の失墜《しっつい》

私は一度だけ小学校の父兄会に出席した。長男が二年生の時、家内がたまたま発熱したためであった。担任の教師は子供たちに早く字を覚えさせようと熱心なあまり、毎日細かな字で二〇〇字書かせるのを宿題にしていた。ところが、字が小さくて眼が痛くなると子供たちにせがまれた母親たちの間で、物議をかもしていると聞き及んでいた。しかも、リーダー格の母親が何人かを引き連れ、校長室まで抗議に出向いたという。高学歴の母親たちは内心では、担任を何となく小馬鹿にしている気配があった。

担任は学芸大とか教育大という教員養成のエリート校の出身ではなく、戦後、代用教員から教員に昇格したということだった。父兄会の質疑応答の時間になるや、リーダー格の母親が起立して宿題の取り止めを要求した。子供の眼が悪くなるという理由であったが、まさに詰問調であった。一瞬たじろいだ担任教師は言葉も出ない。私は咄嗟に起立して口火を切った。

「あなた方は一体、先生を何と心得ているのか。今の言い方は失礼じゃないですか。非難めいた言葉は慎んでもらいたい。もう少し大きな字に改めていただきたいと、穏やかにお願いするのならともかく、校長室にまで抗議に押しかけたと聞いている。子供を預けて教育してもらっているというのに、あなた方は少々思い上がっているんじゃないですか」

口火を切った母親は顔面蒼白となり、次の瞬間、頬を紅潮させて食ってかかってきた。出席していた三、四人の父親のうちの一人が立ち上がって宥《なだ》めにかかった。

「まあまあ、事を荒立てないでください。お二人とも、その言い分にはもっともな点があるんですから……」

それ以上応酬するのもあほらしくなって、私は苦笑しながら着席した。一発かませれば、それで十分である。教師を小馬鹿にしては教育は成り立たない。

戦後民主主義の謳歌は労働運動の昂揚をもたらし、教師たちも日教組の一員となった。われわれも労働者だと宣言し、聖職についているという尊厳性を放棄した。戦前は儒教倫理に基づいて「三歩退《さが》って師の影を踏まず」と教えられたものである。

私たちの子供の頃には教師の中には変わった人もいたが、人さまざまだと子供たちも気にせずに過ごしていた。だが、教師もまた労働者だということになると、他の見る眼も違ってくる。しかも、PTAの発言権が増大してきたとなると、教師たちもその対応に神経をすり減らすことになる。大学出の母親たちの中には、教師を批判的な眼で冷ややかに観察する風潮も生じていた。

教師とて初めから先生ではない。教師になったに過ぎない。しかし、教師を小馬鹿にするようでは教育は成り立たない。子供の成長を見守りながら、慈《いつく》しみをもって鍛えるべきところで鍛えるのが教師の役目である。放任し甘やかすだけでは子供は成長しない。受験への不安や勉強の重圧ぐらいで自殺する。芯のないか弱い子供さえ出現している現代である。人にはなくて七癖、長所もあれば欠点もある。教師とてすべてが成熟した人格者とは限らない。

自分中心の自己愛人間

男女共学ともなれば、早熟で真面目に勉強する女子に較べると、男子は成績の面でも圧倒された。男女平等社会という掛け声のもとに、女子の高学歴志向が世の流れとなった。しかし、現実には女性の社会進出はそう易々とは実現しない。

働き蜂となってただ黙々と働くだけの夫に幻滅した高学歴の女性たちは、自らの青春の夢を子供に託し、教育ママへと変貌した。わが子を一流高校から有名大学へと進学させ、大企業か官庁に就職させたいと熱中した。そうなれば年功序列の賃金体系のルールに乗り、終身雇用で安定した生涯を送ることができるし、才能が開花して有名になれば鼻が高い。

教育の現場でも差別をつけないという妙な平等主義がまかり通った。運動会も参加することに意義があるなどと称して一等、二等の差別をつけないなどという奇妙な風潮が生じた時期もあった。だが、その陰では子供たちは母親たちの熾烈な競争心に煽り立てられ、かつてのように伸び伸びと遊ぶ余裕《ゆとり》を奪われ、塾通い、お稽古事などに追い立てられた。

大学などというものは、社会への一つの通過機関に過ぎぬのに、それ自体が目標であるか如き幻想の擒《とりこ》となった。有名大学に入れた時点で、優勝劣敗の決着がつき、バラ色の将来が約束されたかの如き錯覚におちいらされた。

戦後復興の産業戦士として黙々と必死に働かされる父親の背中を見て育ちながら、子供たちは母親に呑みこまれ、その夢想を押しつけられた。勉強して有名大学に入りなさいと発破《はっぱ》をかけられ、家庭教師をつけてでも成績を上げなさいと強要された。

だが、人生は山あり谷ありである。戦前の私たちのように、自分は果たしてどんな職業に向いているのか、どんな仕事につけば落伍せずに世の中を渡っていけるのかと、思い悩むことなく成長した。仮に特殊な職業を選んだらそれこそ、それなりの資質や才能があって、世間から認められるかどうかは一つの賭けである。

当時の若者たちはジャパン・ドリームの幻想に幻惑され、郊外にマイホームを建てて、二人の子を育てながら快適生活を過ごしたいと思うものが多かった。それこそ標準的な家庭だと思われた。高度成長の波に乗り、飽食の時代に成長した若者たちにとって、経済の豊かさを持続し、自分たちの生活は生涯にわたって社会的にも保証されているかの如き幻想を抱いた。

今から二〇年ほど前のことである。病院の近くの中学校のPTAの総会に招かれ、講演したことがあった。出席していたのは四〇歳前後の母親たちが多かった、戦後の飽食の時代に青春を過ごした人たちである。

話が終わってから、「あなた方は歳をとったら、子供と一緒に住みたいと思いますか」と訊ねたところ、半数あまりの人が手を挙げた。そこで「それは難しい。あなた方の結婚した頃には、家つき、カーつき、婆あ抜きという言葉が流行りました。その気持ちは暗黙のうちに子供たちの心に滲《し》みこんでいる。一緒に住むなどとは考えずに、どのような老後を過ごすのか、今のうちから夫婦二人で真剣に考えておくべきだろうと思います」といったところ、一瞬、会場はシーンとなった。世の中は自分の都合のいいようにばかりは運ばない。因果応報とはこのことで、一人よがりの期待はそれこそ、単なる一場の夢に過ぎない。

自己愛（ナルシシズム）という言葉は、ギリシャ神話の美少年ナルシスに由来する。ナルシスは池の水に映るおのれの姿に惚れこんで、恋いこがれて死んだ話である。おのれの美貌に陶酔した挙句に、池に身を投げている。自縄自縛におちいった自己愛人間の証左とされる。

人間の欲望もまた社会的な人間関係に制約される。私たちは自分が他人の眼にどのように映り、どう評価されるかを気にせざるを得ない。自己愛を満足させるのも他人あってのことである。フランスの哲学者ラカンの人格発達の説に、鏡像段階という用語がある。幼児は両親と一緒に鏡を見ることで、そこに映し出される自己像を認知する。鏡に映る自分から見られている自分の眼とは同時に他人の眼と異ならず、他人の眼とは個人の眼ではなく不特定多数の眼という、抽象化された範囲にまで拡大される。他人への思いやりや配慮に欠け、常に他人から関心をもたれ、賞賛されたいと思うとしたら人格未成熟といえよう。

親がいくら気を配って子供の心に配慮したところで、子供はその成長過程で欲求不満や不安を抱き、子供なりに悩むのは自然のなりゆきである。子供をあまり甘やかすと、万能空想はますます肥大して充たされることはない。むしろ悩むことで自我が発達し、社会的に柔軟な適応力を身につけてゆく。

社会的に未成熟で、幻想的な優越感の擒となっている自己愛人間は、人間関係がうまくゆかなくて当然である。フロイトの高弟で後に破門されたアードラーは、劣等感の合目的な代償作用に注目した。人はおのれの劣等感から、自分は他人よりも秀《すぐ》れていると感じる方法を見つけ出し、健康な意味で自己愛を満足させようとすると主張した。

アードラー自身、幼児から病弱に悩み身体的な虚弱による劣等感を克服すべく、勉学に励んだ自らの体験に基づいている。だが、世の中には他人からみると取るに足らぬ劣等感に悩まされ、そのために前進を阻《はば》まれている人は案外多いものである。劣等感を克服しようとする代償作用がうまくゆくと、社会的な対応には成功するが、過剰代償の結果、肩《かた》肘《ひじ》を張ってかえって社会不適応となることもあるとする見解である。
ましてや、おのれを見つめようとする現実吟味から眼を逸《そ》らし、劣等感を抑圧・否認して幻想の世界に生きている者は、自己愛型の境界人格障害といわれる。

悩むことなく幸せな人生を送りたいと念《ねが》うのは人情の常である。だが、社会的な存在であるからには、互いのエゴがぶつからずに摩擦もなく意のまま生きられるなどと思うのは、まさに幻想に過ぎない。変化のスピードの目まぐるしい現代の高度技術社会に生きるからには、ストレスが溜るのも当然だと受け入れざるを得ない。

人生、悩みがつきまとうのは自明の理である。仏教では人間の四苦として、生・老・病・死を挙げている。苦とは思いのままにならぬことをいう。欲望に振り廻され、不安や猜疑心に悩むのは、人間の根源的な無知によるとして、それを煩悩といい、そこからの解《げ》脱《だつ》を志向せよと説いている。

現在では、小さい頃から子供を塾に通わせ、有名大学に進学させようと望む親は減少し、子供の才能を生かして、自分の力で生きてゆける能力をつけさせたいと念《ねが》う親たちが増えてきたといわれている。しかし、子離れできぬ母親が多いようでは、順調に社会へと巣立ちさせることは難しい。

子供の資質を冷静に判断した上でならよいが、たまたま周囲から褒められたぐらいでは危なっかしい。下手をすると自らの夢を子供に押しつけ、潰す結果となりかねない。それこそ「絵に描いた餅」に過ぎない。

また、子供も二人以上欲しいと望む人たちも増加し、二五パーセント近くになっているという調査結果もある。少子高齢化が叫ばれている昨今、喜ばしい現象である。とはいえ、女性の活用も叫ばれているが、変化の烈しいこの時代に生き残りを賭けてる企業間の競争も厳しい。仕事と育児を両立できる環境を早急に整えることもまた容易ではない。

三　学校教育と家庭崩壊

一九六〇年代には世界的な規模でスチューデントパワーが巻き起こり、社会に対する異議申し立てが世界各地で頻発した。現実政党である左翼、共産党の順法闘争も否定された。羽田闘争を実行した三派全学連の学生たちは新左翼と呼ばれた。本来は管理社会に制縛されることへの反発に端を発した非政治的な反抗であった。

かつては大学には全人格的な豊かな教養を伝えるという使命があり、学問探求への情熱があった。元来、大学教育の使命は、第一には社会に出たら直ちに役に立つと同時に、それに加えて第二には、一〇年か二〇年先に役に立つことを教えることであり、これに加えて、二〇年後になって必要になるであろうと予測される事態を示唆することも大切だとされた。学生たちもそれなりにエリート意識をもっていた。

ところが、戦後はアメリカ的な利潤追求と効率性を重視する管理体制が尊ばれた。知識が真理かどうかは実際に役に立つか、否かによって決定されるとする、デューイらによるプラグマティズムが幅をきかしていた。これでは単なる技術的な知識の伝達機関に成り下って、かつてのようなプライドをもてなくなったことへの学生たちの不満が底流にあった。

だが、教授たちは保身に汲々として、既得の権威にすがって象牙の塔にこもっている。そこに改革の意志も見えない。学生たちがプロテストしたくなるのも無理はなかった。若者たちの情熱は想像力を駆り立て、いつしか政治的な革命運動へと拡大されていったが、一般大衆の共鳴を呼び起こすことはできなかった。

学生運動が現実の前に挫折し終焉《しゅうえん》すると、若者たちは無力感に襲われ、しらけムードが拡がっていった。無気力、無関心、無感動の風潮は三無主義といわれた。

この人たちの一部が教員となって社会に送り出され、実際に教壇に立つとなると、教育現場の雰囲気も変わってくる。差別反対、平等主義という主張は表面的には綺麗だが、子供たちとて鈍感ではない。その裏面では隠微な競争社会が熾烈に横行していることに気づいている。

私たちの世代が子供の頃には、小・中学校とも男女共学ではなかった。「男女七歳にして席を同じうせず」という儒教倫理が実践され、その結果、性に対する無知が温存された。一面ではマイナスもあったろうが、知的な情操を育《はぐく》み、夢を育てるという反面もあった。

現代の技術革新は日進月歩で生活も科学なしでは成り立たない。文明の利器の発達のお陰で、利便さの恩恵に浴している。映像機器の発達は目覚しく、遠隔の地で起きた事件も、その日のうちにテレビで放映される。ヴァーチャル・リアリティ（擬似現実）の世の中である。

しかも、男女の性的な描写も子供たちが見るのを承知の上で、かなりリアルに映し出される。テレビを見る三歳の幼児ですら「今、キスするよ」などと予告するような世相になった。

この傾向に拍車のかかった一つの要因として、早期性教育の影響がある。小学校の子供たちにまで、子宮、卵巣、精巣、さらに射精や排卵、性毛、性の世界にまで踏み込んだ。

これで性的好奇心を煽り立て、性的に早熟な子供をつくりあげる。

赤子《あかご》の時には男女の区別すら分からず、青春期になって性への関心が動き出す前の段階を潜伏期という。この時期には知的好奇心が旺盛となり、探究心も生まれてくる。今頃になって小・中学生の学力低下が騒がれている。性的に早熟で、知性的な好奇心に乏しい子供たちが多くなったのも、早期性教育の影響にもよるのではなかろうか。豊かな人格形成という面からすれば、マイナスのほうが多かったのではなかろうか。

しかも、教育ママたちは受験勉強を強《し》いながら、世の常識を教えようとしなくなった。昔は汽車で遠出する旅行以外には、電車の中でものを食べることはなかった。はしたないとされた。ところが近頃では、電車の中で鏡を出して化粧している若い女性の姿をしばしば見かける。

私の子供の頃には、アメリカ人の野球選手などが、球場でチューインガムを噛んでいるのを見ると、行儀が悪いと眉をひそめたものである。いまや子供たちも電車の中で平気でものを食べている。時代は変わった。

核家族化と失われたもの

私たちの世代の多くは、軍国少年として教育され、軍隊生活ではしごかれ、ビンタを張られた。外地に赴《い》かされた者たちは、敗戦の様相が濃くなるにつれ内地からの補給も絶たれた。制空権、制海権も奪われ、なす術もなく戦わされた。国土防衛のためといわれ、皇軍の必勝を信じこまされて戦った。敗戦のショックによる精神的な打撃はいかばかりであったか。

私の場合は、兵隊に取られたものの、実際に戦火をくぐったわけではない。

私事にわたって恐縮だが、昭和一八年一二月一日、文科系学徒動員で入隊させられた。身長一七三センチ、体重は五〇キロ、骨皮肉内《ほねかわにくない》と綽名《あだな》をつけられていた私などは、従来なら丙種不合格で兵隊に取られることはなかった。だが、戦う兵隊が不足してくれば、猫の手も借りたくなる。第三乙種が新設され、筋骨薄弱者は養保護兵として入隊させられた。

私のような運動神経の鈍い半端《はんぱ》者は、兵隊としてものの用に立てようはずがない。しごかれ、へたへたになって萎縮してしまうのが当然のなりゆきである。ところが、私の行動はどこか間が抜けていて、軍隊の常識からは逸脱していたが、幸運にも師団のビリで下士官に合格し、内地に残った。

下士官が不足していたためであった。将校は南方へ、兵隊は満洲に送られた。このあたりの経緯《いきさつ》は『学徒兵らくだ君』として光人社NF文庫から刊行されている。「楽に兵隊にやってきたらくだ君」という意味である。

運命はそれこそ紙一重である。今日まで生き延べられたのは、まさに強運というべきである。一兵卒となって満洲の広野に送られ、敗戦でシベリヤ送りとなっていたら、栄養失調になり捕虜生活で死んでいたはずで、これも運命であろう。

復員してきた私は、敗戦後の混乱した世相に、こんな不器用者では果たして、生き抜けるだろうかと、不安を覚えた。医者にでもなって手に職をつければ、何とか食って抜けられるだろうと、翌年の春、医学部の予科から再スタートした。

不器用な私が何とか兵隊生活をくぐり抜けられたのは、一人っ子の甘えがうまい具合に通用したからであったと思われる。ぶきっちょで見てはおれぬと、周囲の母性本能をくすぐり、女の気のない軍隊生活で甘えられたからであろう。

軍隊では初年兵は些細なことでぶん殴られる。学生兵たちにはプライドがあるので、思わずムッとする。だが私にしてみれば、こんな兵隊を預けられた班長も兵長も、さぞかし足手まといで迷惑だろうと気の毒に思っていた。

精神分析の上では私の兄弟子にあたる土居健郎はかつて『甘えの構造』を世に問うて評

判になった。だが後年、核家族化が顕著になると、「もし今日『甘え』が不評になり、それが『甘やかす』とか『甘ったれる』のように、もっぱら一人よがりの状態しか連想されなくなっているとするならば、それは今日の世間で人間関係が希薄になり、互いに助け合う機会が少なくなったためと考えていいのではなかろうか」と述べ、さらに「家庭はもはや一緒に睦《むつ》み合う場所ではなくなった。むしろそれぞれが孤立した各自の利害が、そこでしばらく激しく衝突をする。このような状況下では子供が満足に育つはずはない」といっている。

核家族化した現代では、かつての家庭内での親子関係のように、安心して保護され保護する環境が喪失したことを意味している。

自由、平等は自己責任

戦後、アメリカの意向により民主主義教育が実施された。私たちの頃は小学校六年、旧制中学五年、旧制高校及び大学予科が三年、大学三年（医学部は四年）であったが、新しい制度で小学校六年、中学三年、高校三年、大学は四年となった。

同じ敗戦国でも、ドイツは最後まで抵抗し、旧制度を存続させたが、日本は抵抗することをしなかった。無条件降伏という事実の前には、抵抗することができなかった。

後年、当時の文部省の高官に会った時、私たちの旧制中学時代には、三年生は生意気であったが、受験を控えた五年生が四年生を監督して、四年生が三年生を抑えていた。だが、現状では不登校がますます蔓延するだろう。旧制度に戻すか、中高一貫校との二本立てに戻すべきであろうと話したところ、法律がいったん実施されると、簡単には変えられるものではないといわれた。

新制度では自由平等が謳われ、男女平等の原則が強調された。自由とは選択の自由であって、選択した以上は責任がともなう。ところが、日本人の多くはアメリカの表層的な豊かさに眩惑され、その文化や制度を理想化した。その結果、責任を他人に転嫁するという利己的な被害者意識が定着したといえよう。

四　現代の世相

何年か前、病院の外来で「キレる」という言葉を聞いて、その意味が分からなかった。その意味を問いただしたところ、ムカッとすると攻撃性が噴射されてとめどもなくなると分かった。それこそ「堪忍袋の緒」ができていないということである。私たちの頃には「キレる」といえば、頭の回転が速くて剃刀《かみそり》のように切れ味がいいという意味で使ったものである。

私たちの子供の頃には街角《まちかど》で、同年代の子供たちだけでなく上級生もまじって遊んだ。白墨で道路に土俵を描いて相撲に興じたり、ゴムまりでゴロベースをしたりしていた。路地の駄菓子屋の前でベーゴマに興じたりもしていた。クルマは時折しかと通らなかった。

喧嘩が始まると、勝敗が明らかに見えた潮時には、上級生の餓鬼大将が割って入って喧嘩をとめた。自然に社会訓練が行なわれ、喧嘩のルールも分かってきた。人は誰しも、自分の存在が知られ認めて欲しいと思っている。

　喧嘩になるのはお互いの言い分が食い違うからである。だが、主張すべきところは主張し、妥協すべきところは妥協する。それが人生を生きる知恵というものであろう。とはいえ、おのれの主張が果たして当を得ているのか、利己的なものなのかは、未成熟な子供の頃には当然分かっていない。植物の世界とて、ある程度の苛酷な環境のもとでなければ成長しないのと同様に、人間の子供たちとて、幼少の頃からそれ相応の社会的な環境を経《へ》なければ、逆境にもめげない芯の強い適応力は生まれてこない。

　ところが、現代の子供たちの喧嘩となると、相手がぐったりしていても、また起き上がって向かってくることを怖れ、徹底的に殴ったり蹴ったりするので、稀には死に至らしめることもあるといわれる。しかも、テレビの活劇では相手を打ちのめすポーズが恰好いい。だが、巻き戻せばもとの画面が現われ、死の実感は伝わらない。テレビの影響もまた否定できない。

　現在の五〇歳以上の親たちは、子供の頃には同年代の子供たちと遊んでいた。だが、近頃の三〇代の親たちの子供の頃には、父親も母親も八〇パーセント近くは子供とかかわっていて、同年代の子供たちと遊ぶのは二〇パーセント未満とのことである。若い父親たちは子供と一緒にアニメを見たり、あるいは模型づくりに精を出し、一緒に昆虫採りに出かけたりするそうである。

今から三〇年は前になるだろうか、私の中学時代の友人が企業の総務部長だった頃、入社試験に母親が同伴してきたのを見て、大学を卒業するというのにと呆れ返って不合格にしたそうである。その頃、息子の新婚旅行に母親が付き添ってゆくという話を聞き、開いた口が塞がらなかった記憶がある。

その頃からしばらくして企業から注目されたのは、成人となった娘と母親の消費意欲であった。だが、いまや新しいタイプの子育て雑誌が売り上げを伸ばしているといわれる。商魂たくましい商人たちは、この現実にも注目し、その効果を模索している。

中高年世代の父親たちの中には、過酷な競争社会から一歩距離を置き、家族と家庭の中に居場所を求めるマイホームパパが多いといわれる。中には高い教育を受けさせようと望む一方、子供と仲よく街を歩き、スポーツ用品や書籍だけでなく、ブランド製の服まで買ってやりたいと思う父親もいるそうである。売り手は父子消費という切り口にも注目している。一世代前の団塊世代の父親と較べても、休日の過ごし方とか、ライフスタイルの価値観も変わってきたという。

私たちの世代から見れば、これでは世代間の境界も曖昧になり、父子関係ではなく兄と弟という関係になりかねないと危惧される。父親の威厳は失われ、男の子が少年期から青年期へとさしかかる反抗期に、「どんとぶつかってこい」と胸を出すのが戦前の父親としての役目であった。

私の行きつけの割烹《かっぽう》のマスターも、家族連れでくる息子の中には、父親に対し、友達同士のようなぞんざいな口ぶりで話しかけ、父親のほうもそれに応答しているのを見ると、腹立たしいといっている。団塊世代やそれに続く世代の人たちからは、かつての厳しい父親像はどこかへ消えうせてしまったかのようである。

団塊世代の功績と負の遺産

かつては不登校や家庭内暴力、あるいは陰湿ないじめが課題となったが、最近では幼児虐待が大きく取り上げられるようになった。幼児期に受けた心的外傷（トラウマ）が意識下にこびりついていて、現実の出来事として再体験され、生々しい臨場感をともなって出現し、パニックとなる。

いわゆる戦争神経症では、戦闘の前線で襲いかかられた、かつての恐怖体験が鮮明な臨場感となり、過去の体験の想起などという生やさしいものではなく、現在、実際の起こっていることと意識される。これと同様の心的メカニズムと理解されている。

　数年前、鬱病と診断されて、両親にともなわれて受診してきた二〇代後半の若者がいる。見たところ筋骨隆々とした逞しい男性であった。よくよく訊ねてみると、ムカッとして母親を殴ったりするという。母親の話によれば、幾度か殴られ蹴り上げられて骨折し、救急入院したこともあるとのことだった。反抗期以降、鬱積された母親への恨みや怒りの感情を抑えきれず顕在化して、母親に暴力をふるうケースであった。三度目の受診の際には、本人をはずして母親と面接した。

　母親自身の生育暦を訊ねたところ、子供のいない実父の兄のもとへ養女にやられ、養母に厳しく躾けられたという。外販をやっていた養父は、実質的に店を切り盛りする気丈な養母に口出ししなかったようである。中学頃には台所を任され、高校に入ってからは威圧的な養母への不満が鬱積したが、忍従してきたと述べている。

　二〇歳で婿を迎えたが、サラリーマンの地味な性格で、子供の養育は妻に任せっ放しで放任していたようである。

　母親の願いは、息子を一人前に育て上げ、養母を見返してやりたいという一点に集中された。だが、世の中は思いのままにはならぬものである。厳しく叱っていると養父はその直後に、外に連れ出して本人の望むがままに欲しいというものを買い与えてしまう。これではいくら躾けても駄目にされてしまうと、不満は次第に鬱屈していった。

そうなると、躾けのつもりで叱っているうちに感情が激してきてムラムラッと怒りが込み上げ、抑制がきかくなってしまう。結果は幼児虐待である。幼児虐待に走るような母親は、子供が幼い頃にはおのれの身体の一部であり、その延長と錯覚していて、思いのままに動かせると思い込む。感情が昂《たか》ぶるとコントロールできなくなり、虐待してしまう。母子一体の未分化状態で、分離独立させせぬ様態といえよう。結果は幼児虐待である。

養父への鬱積された怒りが転嫁され、自分に向けらては、当の本人はたまったものではない。本人の述べるところによれば、中学時代からボクシングやボディビルに熱中し、誰にも負けない強い男になることを夢見ていたという。

高校に入ってからは母親に暴力をふるうようになり、止めに入った弟にも殴ったり蹴ったりして黙らせている。高校を出ると弟が家を出てしまった。「あんたが乱暴するからだ」と母親が愚痴るとひどい目にあわせ、何度も入院させている。

大学には進学したものの友人との人間関係はスムーズにゆかず、中退して社会に出たものの、そこでもうまくゆかなかった。偏狭な正義感を振り回し、些細なことで上司と衝突して職場を変えても長続きしなかった。他人に負けまいと身体《からだ》を鍛えてきたが、今になってみると一体何のためだったのかと憂鬱になり、家に引きこもって死にたいと口にするようになった。

世間には職場で日常の仕事はこなせるが、部下の些細な失敗にも、声を荒げて叱責するような上司も少なからずいるようである。自らがまずいことをやっても、その責任は部下に押しつける。他人の言葉に耳を傾けようとはしない。

このような人すべてが、自己愛的な人格障害に近いとは限らない。おのれを客観視することはできぬとしても、直属の上司の顔色を窺い、汲々として迎合するような要領のいい人もいる。

このようなタイプは比目魚《ひらめ》といわれる。襲われぬよう砂の下に身体を隠し、成魚になると左側に集中して両目を真っ直ぐ上に向け、上司の眼だけを気にして周囲には眼を配らずにすませる。自己保身的な要領のよい人たちである。これでは組織全体の活性化は望めない。組織の中でおのれを押し殺して、横並びに過ごしてきた団塊世代の人たちの中には、部下の育成に当たって、その影響を及ぼしてきた人たちもいるはずである。近頃の若い人たちの中には、自己保身的なマイホーム主義者が増えてきているといわれるが、その一端は団塊世代の一部の人たちの、負の遺産といえぬこともないであろう。

戦後、日本に導入されたアメリカ流のプラグマティズムに私は共感できなかった。この考え方はあまりにも現実的で、物質万能のアメリカ人気質を代表しているように思われた。生きるとは、単に経済的に便利に豊かに暮らすことではない。

第三章——団塊の歴史、米中との関係

一　日本とアメリカ

日本がポツダム宣言を受諾し無条件降伏したのは、一九四五（昭和二〇）年八月一五日のことであった。敗戦の時には、私は九十九里浜の本土防衛部隊にいた。アメリカ軍が上陸してきたら、死もやむなしと観念していた。

私たちの世代は戦後生まれの戦争を知らぬ世代とは異なり、アメリカに対して屈折した複雑な思いを抱いている。善《よ》きにせよ悪《あ》しきにせよ、武力の威嚇で鎖国の扉をこじ開け、近代の世界の舞台に登場させたのは、アメリカであった。また、このたび日本を叩き潰したのもアメリカである。

自由と人権、民主主義を世界に弘《ひろ》めるという信条のもとに、アメリカのしてきたことは矛盾だらけである。中南米の革命政権を転覆させようと、テロ活動を利用した。このたびイラクに侵攻したものの、実際には破壊兵器は存在しなかった。それ以前に、イランとの戦争でイラクのフセインを応援したのはアメリカであった。

「強きものは、おのれのほしいままに振る舞い、弱きものは耐えるべきを受け入れる」とは、古代ギリシャの歴史家、トゥキュディデスの言葉である。

アメリカのモンロー主義とは、アメリカは西欧諸国の内政に干渉しないかわりに、西欧諸国もアメリカに干渉しないという伝統的な政策である。日本の真珠湾攻撃作戦は、アメリカの政策を転換させようとする、イギリス首相のチャーチルとアメリカ大統領ルーズベルトの謀略に、日本軍部がまんまと乗せられたといわれている。鬼畜米英と国民を煽動した日本軍部以上に歪曲《わいきょく》を宣伝したのはアメリカであった。日本人は野蛮で好戦的な狂信者たちであり、天皇を現人神《あらひとがみ》だとして世界の覇者たらんとしていると、アメリカ国民に信じ込ませようと煽り立てた。

戦時中、日本の軍部も声を大にして、国民に向かって、日本は神国であり皇軍必勝だと喧伝した。鎌倉時代、日本を侵攻してきた蒙古、高句麗の連合軍は、再度にわたって暴風雨に襲われ、ちりぢりになって敗走した。それを僥倖とは見なさず、アメリカの豊富な物量に圧倒され、敗北へと追い込まれているにもかかわらず、いざとなれば神風の吹く神国日本であると国民に信じ込ませようとした。

遥か昔、大化の改新の後、朝鮮半島の白村江の戦いで、日本・百済の連合軍が、唐・新羅の連合軍に大敗を喫し、半島の足がかりを失った歴史的事実など、どこ吹く風かとばかり口を嗣《つ》いでいた。

アメリカは占領軍の進駐を呑まなければ、全面降伏とは認めなかった。さもなければ重なる原爆で焦土化した日本の全土を灰燼《かいじん》とすべく、さらなる原爆投下を継続すると威嚇した。その占領政策は日本民族の精神的な武装まで解除し、二度と戦争することのできぬまでに無力化させようという意図に基づいていた。日本の敗北は満洲にいた関東軍が独走して中国北部にまで侵攻したことに起因する。

幕末維新以来の日本の発展は日英の海洋同盟に負うところが大きいとして、当時の元老・西園寺公望は進出は満洲までに留め、中国本土にまで踏み込んではならぬと、軍、官僚の上層部に警告している。それ以上踏み込んで、アングロサクソン（米英）と事を構えるような事態となれば危険におちいると危惧してのことであった。ところが関東軍は陸軍本部の指示に従わず、中国に侵攻し、戦火を拡大させてしまった。

だが、実際に日本人に戦争のやむなしと観念させたのは一九四一（昭和一六）年に米英・オランダが実行した日本資産の凍結であった。貿易も金融も断ち切られた日本は、死中に活を求めて資産確保のために仏領インドシナ（現在のベトナム、カンボジア、ラオス）に進駐する事態となった。日本国民を戦争に駆り立てたのは、全面封鎖による息苦しさに国家存亡の危機感を煽り立てたからである。

勝者・アメリカの驕りとグローバル化

日本の鎖国の扉を最初にこじ開けたのはアメリカであった。一八四〇年から三年にわたるアヘン戦争で、中国がイギリスに敗北したというニュースは、衝撃波となって日本列島を走り抜けた。アメリカのフロンティア精神は太平洋沿岸にまで到達して以後も、ハワイ諸島を屈服させ、さらに飽くことを知らなかった。欧州列強に負けじとアジア進出に乗り出したアメリカはフィリピンや日本にまでその触手を伸ばそうとしていた。

欧米列強の開国通商の要求に言を左右にして煮えきらぬ幕府の態度に業を煮やしたアメリカは、二度目には強硬な姿勢で開港を求めてきた。ペリーの率いる四隻の黒船が江戸湾に姿を表わし、浦賀に入港するのは、アヘン戦争から一一年後のことである。武力による威嚇のもとに通商を求めてきたアメリカに、幕府はしぶしぶながらも承諾せざるを得なかった。

アメリカの占領政策は表向きには、封建的な過去の残滓《ざんさい》から日本人を解放し、自由・平等、平和・博愛の精神に基づいて、民主主義による改革であるかの如く装われた。だが、その実は、寛容な勝者の態度で接して、日本人を武力をもたぬ従順な羊の群に仕立て上げようとする政策であった。

戦後、大学に進学した世代にしてみれば、敗戦という事態に、これまで確固として揺るぎないと見えた従来の社会が、一瞬にして崩れ去った衝撃であった。日本建国の歴史は西欧列強よりも古く、絶対不滅の神国であると教え込まれて成長した。緒戦の華々しい戦果に酔わされ、敗色歴然となっても、いざとなれば神風が吹くという幻想を植えつけられた。

だが、すべてが崩壊して夢と消えた衝撃に遭遇すれば、勝者アメリカによって喧伝される西欧型の人格の形成こそ、行方《ゆくえ》を照らす光明と映ったとしても無理はない。もしもその後の朝鮮戦争勃発による特需がなかったとしたら、日本は今頃どうなっていたであろう。

アメリカは極東裁判で一方的に日本を侵略者呼ばわりした。一体、何を根拠に日本人を野蛮で好戦的な民族だと決めつけたのか。それこそアメリカの傲慢に過ぎない。私は日本の軍部の思い上がりを否定するつもりはないが、それこそ勝者の驕《おご》りであり、自己正当化である。アメリカの価値観が全世界に通用する正義だと思い上がって、敗者を虐《いた》みつける結果となって現われたに過ぎない。

建国の歴史の浅いアメリカは、世界各地域の長い歴史の間に培われた重層した文化を無視した。このたびのイラクとの戦争で、一気にフセイン政権を打倒したアメリカは、その戦後統治も日本の場合と同じように、スムーズにゆくと楽観していたとしか思えない。日本でうまくいったから、イラクでも同様にうまくゆくだろうと安易に考えていたように見受けられる。ベトナム戦争での苦い体験を忘れたかったのであろう。

アメリカ主導による新自由主義やグローバル化は、世界の国々を席巻するかに見えたが、かえって不平等を拡大させ、制度的にそれなりに安定していた保証を掘り崩し、不安定な状況を招来する結果ともなったといえる。

敗戦の時「耐え難きを忍び」という天皇の詔勅放送により、日本人はゲリラ戦に走らなかった。源頼朝が鎌倉に幕府を創設してから幕末の徳川政権の大政奉還まで、征夷大将軍として、形式的には天皇の承認により、武家は政治権力を行使してきた。マッカーサーが政治権力の執行者として君臨することがスムーズにいったのも、この伝統によるところが大きい。日本人はマッカーサーを統治者として受け入れ、その指令におとなしく従った。

私が歩兵砲の分隊長として千葉の九十九里浜にいた時にも、日本が降伏したからには、組織的なゲリラ戦をやろうと、熱心に勧誘にきた旧知の陸軍の少壮将校もいた。もとより私は即座に断った。だが、もし大がかりなゲリラ戦が勃発していたら、国は焦土と化し一〇〇万のアメリカ軍将兵は戦死したであろうと推定されている。

日本民族は祖霊の祀りを代々受け継ぐ存在として、天皇を尊崇し万世一系の建前を貫いてきた。神話上の人物である神武天皇を、民族の祖霊、宗家の祖として仰ぎ見て、擬似家族形態を伝統として生きてきた、イギリスの皇室ともひと味違っている。アメリカはこのような伝統による敗戦時の日本の対応を、冷静に受け止めてイラクに侵攻したとは考えられない。

複雑に錯綜する中東地域の長い歴史を十分に検討もせず、日本でうまくいったから、イラクでもスムーズにゆくと考えたとしたら、それこそ建国以来の歴史の浅い、新大陸国家アメリカの傲慢というべきであろう。たとえそれが圧政であったとしても、フセイン政権の崩壊により、イラクの国民は求心力を失った。反発しながらも一応は国民の心のよりどころとなっていた政権が消失した結果、ともに同じイスラム教徒でありながら、同じ民族同士が宗派間で争い、イラクの国内に居住するクルド族もおのれの主権を主張し始めた。互いにがみ合い政権闘争に明け暮れているのが現状である。混乱に引きずり廻されているイラクの国民がアメリカの思い上がりに、不満をあらわにして抵抗しているのも無理はなかろう。

団塊世代と西欧個人主義

敗戦による旧来からの日本の伝統は根こそぎに否定され、進駐軍の頂点にはマッカーサーが厳とし君臨した。強固に構築されていた家族制度も、アメリカの指令により崩壊させられた。眼の前にはアメリカ型の新自由主義が、お手本として掲げられている。敗北のショックで空洞化された日本人の心は、何ものかによって埋められねばならぬ。すべてが新規まき直しであった。

当時の日本人の眼に、占領軍が解放の使徒であるかの如く映ったとしても、戦時中の軍部の思い上がりを思えば、あながち幻想とばかりはいい切れない。貧富の差の甚だしいアメリカの都市の実態には眼が向かず、成功物語の夢を追う中産階級の豊かな生活しか眼に入らなかったとしても無理はない。

遅れて近代世界の舞台に登場した日本人にとって、多くの知識人たちの理想となったのは、西欧の近代的自我という課題であった。いったんは途絶えていた課題が敗戦により、再び蘇ったといえよう。

当時の日本の若者たちにとって、アメリカこそ心の空洞を埋めるに値する前方に光り輝く星であった。アメリカにしてみれば、自由競争と契約を基本とするアメリカ型社会を日本に持ち込み、軍事・経済面にとどまらず、精神面まで武装解除しようとした意図はひとまず成功したといえるだろう。

だが、年配者にとっては、敗戦による家族制度は制度的には解体されたとはいえ、家本位の旧来の慣習から脱却するのは、容易なことではない。親の世代にしてみれば、家が崩壊させられる不安に襲われる。子供たちには離散され、寂しさともつかぬ寒々とした感慨を抱いたとしても当然であった。

しかし皮肉なことに、現代では家庭が何時何時《いつなんどき》、壊れるかも知れぬ無安定な存在と化し、それを守ろうとするには過度の気遣いと、緊張を強いられる。戦前の日本の家庭は一面では、破ろうとしても容易には破れぬしがらみであったが、同時に世間の荒波から安じて身を守る城砦の役割を果していた。とはいえ、時代の変化に敏感に反応するのは若者の特権である。

敗戦のショックから立ち直ろうとする心ある若者たちにしてみれば、自由な意志に基づく夫婦単位の独立した生活こそ、憧れのイメージとなった。それを道徳的な規範として公認するのが、西欧個人主義の特徴である。

親の嘆きなど度外視して、煩雑で厄介な家族の絆《きずな》を断ち切って社会的にも独立し、他人の介入を許さぬ二人だけの愛を貫くことこそ、第一義であると考えられた。別個の人格である自立した男女が、相互の意志に基づいて契約を結び、結婚するのが美徳であるとする西欧近代の理念に憧れたのも、それこそ時代の風潮であった。

アメリカの中流家庭では、子供が生まれると早期に別室で寝かせ、ベビーシッターを雇って親離れを促進させようとする。西欧の文化伝統である。ところが日本では、幼児になるまで両親の間に寝かせるのが習慣であった。いわゆる「川の字」文化である。しかも、アメリカでは高校を卒業するまでは、親に扶養の義務があるが、大学に進学すれば貸与の形式を採っていて、社会に出たら返済する義務があるといわれる。

ところが日本では、大学を出ても親の家に寄食するのが普通で、学費を返済する義務はない。個人の意思と責任を尊重する欧米流の観念を、表層《うわっつら》だけ摂り入れたところで意味はない。そしてそれがいつの間にか、矛盾を孕《はら》みながら若者たちに浸透していったのも、時代の趨勢であった。

団塊世代より一世代前の人たちの小学校の頃の記憶によれば、敗戦直後には停留場でバスを待つ人はみなしゃがみ込み、用事がなければゴロッと横になったという。

団塊世代の子供の頃には、学校での給食時間の前や、遊びつかれて家に戻り、夕食を待つ間などには、かなり腹が空いていた。食物も乏しく塩分も不足し、欠食プラス欠塩状態であった。敗戦で全面降伏という事態に直面した以上、飢饉となり疾病の蔓延に見舞われるのは避けられぬ状態であった。

だが、勝者アメリカは寛大な態度で臨み、食糧を補給しＤＤＴを散布した。そのお陰で日本人の多数の餓死の被害者も出さずに生き延びることができた。その点では感謝しなければならぬであろう。

飽食の時代以降、塩分は控え目に薄味こそ健康のもとと叫ばれている現在とは大違いである。

この時代を生きた若者たちは、現在よりかえって前向きであったといえる。貧乏でこそあったが、明日に希望を抱き夢をもつことができた。だが、アメリカの真の意図は、日本の伝統を根こそぎ破壊し、従順な農耕民族に仕立て上げることで、観光地としてしか生きられぬように目論んでいた。

私たちのような戦中派にとっては、アメリカに対する思いは愛憎相反ということになるであろう。屈辱経験の少ない団塊世代以後の人たちにとって、これからの日本民族の行く先を、どのようにするべきかが一つの課題になるであろう。

平和幻想と現実

アメリカ精神医学会に出席すべく、初めて海を渡ったのは、東京オリンピックが開催される二年ほど前のことであった。ニューヨークやロサンゼルスには高層ビル、高架となって縦横に走る道路網の景観には驚かされた。だが、帰国して間もなくすると、オリンピックの開催に間に合わせようと、東京の街は建設ラッシュに沸き立った。経済復興を告げる高らかな槌音《つちおと》であった。

アメリカの精神科医たちは、フランクに接してくれた。だが、勝者の余裕から寛容に振舞っているかに思えて、何となく居心地はよくなかった。日本人を一二歳だと小馬鹿にしたマッカーサーの、思い上がった言葉が脳裏にチラついていた。

徳川中期の江戸の人口は一〇〇万人を越えていたが、当時のロンドンの人口は四〇万人に過ぎず、ニューヨークに至っては五万人程度の田舎の小都市に過ぎなかったという、パーティー席上での私の発言にも、寛容な微笑で返し、社交的な態度は崩さなかった。だが、八代吉宗の享保時代には、庶民の子弟に、読み・書き・算盤《そろばん》を教える寺小屋の数は江戸で八四〇軒、全国で一万軒に達していたと発言すると、彼らもさすがに僅かに驚いたようであった。

敗戦後、日本に上陸した進駐軍の兵士たちの識字率は、日本人には遥かに及ばなかった。地方からきた兵士たちの中には、字の書けぬ者が多かったといわれる。浅薄軽躁な傾きのある日本人は、敗戦後の押し付けられた恒久平和の幻想を鵜呑みにして、あたかも世界市民であるかの如く思い込んだ。アメリカの強力な核の傘の下で、永久平和を享受できるかの如く錯覚した。

敗戦前夜まで皇国思想に追随し謳歌してきた、いわゆる進歩的な文化人たちの多くは、一転して過去の残滓から脱却し、個の確立を図らねばならぬと、口を揃えて囃し立てた。陸軍の横暴ぶりに嫌悪を覚えていた私には、彼らの変わり身の速さは眉唾《まゆつば》ものだと思われた。

日本人は熱し易く冷め易いといわれる。人類の平和共存という願いは、個人的には誰もが、古来からの待望する希望である。だが歴史を繙《ひもと》けば現実には、強者の権力欲に踊らされ、すさまじい闘争にまで発展してきた。世界史を繙けば、平和な時代は戦争と戦争との間の一時《いっとき》の休息に過ぎなかった事実が眼に入ってくる。

日本の平安中期までの平安時代の約三〇〇年、徳川時代の約二五〇年にわたる国家としての平和の持続は、世界では類を見ない現象である。

現代は確かに暗い。日本民族はいまや北朝鮮の核の脅威に不安の念を抱いている。しかも環境汚染、地球の温暖化現象などで、破滅が迫っていると漠とした不安に戦《おのの》いている。だが、たとえそうなるにしたところで、それまでの間、生き続ける以外にない。

平和を守るには、経文を唱えるように声を大にして、日本国憲法第九条の固持を叫ぶだけでは、その声は空虚に消える。いかにすれば平和な世界を構築できるかを、軍事面からも経済面からも、文化面からも冷静に検討する必要があるであろう。もとより完全な平和の到来など幻想の世界に属するが、大まかな点でなり得たら本望であろう。

日本人は元来が協同作業を主とする農耕民族であり、漁労もまた集団の協調性が不可欠である。羊の群を巧みに統御し、個人の能力が要請され支配欲の強い欧米人よりも、平和を望む傾向が強い。

二　日本と中国

日本人と中国人とでは、見かけだけではよく似ている。だが、その文化風土はまったく異なっている。日本人は現実的で、楽天的ではあるが熱し易く冷め易い。その食生活からしてまるで違っている。日本人は自然で淡白なものを好むが、中国人は熱を通した脂《あぶら》っこうものを好む。

その住居の構想からして日本人や韓国人とは違っている。古来から北方異民族の侵入と戦い、幾たびか王朝の興亡を繰り返してきた中国人は、用心深く自衛的である。集落も中国人にとっては一つの城砦である。道幅も狭く煉瓦《れんが》などで固められ、ひと際高い建物が必ず存在して奇襲を監視する。一つの堅牢な小要塞の様相を呈している。

ところが日本の家屋は自然の環境を利用し、各室は襖《ふすま》や障子で仕切られていて、その開け閉めは自由で開放的である。

だが、朝鮮半島の人たちとなると、また、違っている。古い形式の家屋では男女の空間は別になっている。中国皇帝から冊封されて以降、「男女七歳にして席を同じうせず」という儒教の原則を律儀に受け入れたからである。

儒教の教えは家にある、孝が重視される。忠とは真心のことであるが、日本に伝わる忠孝一致の思想となり、親への孝と君への忠とが一体となった。日本民族の融通性の現われであり、朝鮮半島の人たちとの大陸文化受容の違いである。

古来から王朝の交替《こうたい》が激しく、家を中核とする中国人にとっては、政府は信頼の置けぬ存在であった。家を守るには、親族や気の知れた朋友によるグループの相互扶助が堅固に形成されたのは自然の流れであった。仲間意識が強く、連帯意識から生ずる信頼感には、任侠的雰囲気さえ漂ってくるといわれる。日本人のように世間体を気にすることはあまりない。仲間内の利益になりさえすれば、それでよいという結果になる。

東南アジアなどで華僑が根を張り、経済的な結束の固いのもその現われである。王朝の興亡が目まぐるしく変転する歴史に、中国人は国家の安泰・永続に信頼が置けなくなったといえよう。社会全体が信じられぬとなると、自分たちの身内や仲間内だけで上手に立ち廻り利益を得ようとする。自己防衛の知恵が発達する。

「上に政策あり、下に対策あり」で、仲間以外の人間は油断のできぬ狡猾な人種だと見なされる。この側面から見れば、厚顔・恥知らずで欺くことなど平気なようである。

だが、人の心には矛盾がある。一方では建前を重んずる。その昔、北方女真族の金に圧迫された南宋の宰相秦檜は金の武力の怖るべきを知って強力な和議を推進した。主戦派の岳飛を投獄して殺し、屈辱的な条件で和議を結んだ。今から約八七〇年ほど前の一一四一年のことであった。

後世、国民的な英雄に祭り上げられ岳飛とは対照的に、秦檜は国民の恥というレッテルを貼られた。今でも長江（揚子江）流域の湖の畔《ほとり》にある秦檜夫妻の墓碑に向かって、唾を吐きかける者が多いという。過去を過去として割り切ろうとしない執拗さは相当なものである。

「終身・斉家・治国・平天下」を唱えた中国儒教の孔子は「罪を憎んで、人を憎まず」と戒めている。社会倫理を打ち立てることで、社会の秩序を維持しなければならぬと考えていたからである。

日本人の間にも身内と他人の区別は存在するが、世間の眼を気にすることで他人に迷惑をかけることを恥じる文化が、伝統として形成されてきた。古来からの素朴な祖霊崇拝を根幹として、擬似家族形態を保ち続けてきた日本の伝統は、同じ政治優位でありながら、徳治思想による中国皇帝の権力や権威とは、そのニュアンスを異にしている。易姓革命や禅譲放伐の思想は伝統的に否定されてきた。

現代中国が孕《はら》む内外の矛盾

現代中国の急激な発展には眼を見張るものがある。だが、その裏に巣食う官僚の腐敗もまた凄まじいといわれる。共産党独裁政権が政治体制はそのままに、資本主義経済に舵を切った矛盾が露呈したといえるだろう。毛沢東が文化大革命を煽動したことに端を発し、天安門事件を経た後《のち》、鄧小平による開放政策がスタートした。「黒い猫でも白い猫でも、鼠を捕《と》るのがいい猫だ」という、その発言は現在の事態を助長したといえよう。矛盾の承認である。その結果、儲かると思う仕事にわれ先にと殺到する。利権を得ようと画策するため、官僚への賄賂《わいろ》など日常茶飯事、だが儲かる仕事も当然のことながら、生産過剰となって価格も下落する。

そう見てとれば、忽ち方向転換して儲かりそうな事業に眼をつける。親族・朋友による相互扶助は広く浸透し、政府の命令などどこ吹く風とグループの繁栄が第一義となる。

政府もまた驚異的な発展を遂げながら、都合が悪くなるとまだまだ発展途上国だといい張って、短期的な利益を上げようとする。中国では現在、貧富の格差がますます増大する傾向にあるようである。土地を奪われた農民が大挙、大都市に流入しているためである。この傾向は市場原理主義のアメリカと似ているように見える。

しかし、アメリカでは市民としての倫理があり、キリスト教による公共精神が存在しているので歯止めがかかる。だが、儒教精神の薄れた中国では、商業倫理に欠ける傾向が目立つといわれる。

中国の新興富裕層には土地成金が多く、地方の官僚もまたやり手の企業と結託して、賄賂で懐《ふところ》を肥している。公共利益の名のもとに農民から、土地を強制収用して売り渡すからである。これに較べれば、技術革新による新たな事業を成功させ、富を得た人は少ないといわれる。

しかも、都市へと流入して職を求める地方の農村の人たちは、民工と呼ばれ低賃金で酷使される。農村の戸籍と都市住民の戸籍とは区別されていて融通がきかぬということである。民工の月収は僅か一万二〇〇〇円程度で、食料を自給できる農村でなら何とか食べていけるが、大都市で居住するとなるとそうはゆかぬ。その上、給料の未払いも頻発していて不穏な空気もあるといわれる。下手をすれば農民の不満が鬱積して、暴動の元ともなりかねない。

日本でも近頃、収入格差が大きな問題となっているが、中国やアメリカと較べれば格段の差がある。他の諸国に較べても、その差は著しいとはいえぬようである。しかも、中国では偽札やブランド商品の偽物が横行していて、模造品を安く売り捌くなどは日常茶飯のことである。摘発されたらまた別の模造品を売り出せばよい。特許侵害や商権侵害などは意に介さない。短期的に儲けて姿をくらますことなど平気で、職業倫理の働く余地などないという。

石田梅岩と近代資本主義

江戸時代中期の石門心学の祖、石田梅岩は元禄時代に京都近郊の農家に次男として生まれている。生来、異常なほどの読書好きで理屈っぽかったが、四〇歳で奉公先の商家を辞め、四五歳で小さな私塾を開いた。

最初の頃は誰からも相手にされなかったが、七年後には男女の聴衆が群をなしたといわれる。町人哲学を説く梅岩の思想は、自らの体験を踏まえた上でさまざまな思想を摂り入れ、実用的な倫理哲学を創始した点に特徴がある。

「まことの商人は、先も立ちわれも立つことを思うなり」という梅岩の言葉は、現代に当てはまる名言である。貪欲に走れば道に外れ必ず倒産する。自制して浪費を戒め、誠実に行動することこそ、商業道徳の基本であると説いている。世間を生きる限りは真心をもって生きるのが心学であると、商人の生活倫理を追及した人である。

心学のこの考えは、マックス・ウェーバーの「プロテスタンティズムの倫理と、資本主義の倫理」の精神と符合している。カルヴィンの世俗内禁欲を重視したプロテスタントの思想と近代資本主義の勃興とを結びつけ、特定の役割をもつ人以外はみな定職をもたねばならぬとするウェーバーの考え方は、奇しくも梅岩の思想と合致している。

ウェーバーの主張は西欧大陸型の資本主義であり、安定した社会を生み出すには、地味な活動で長期的には経済が活性化させることこそ重要だということになる。

それに反して、プラグマティズムに発するアメリカ型の市場原理主義の流れは、実証的なイギリス流の思想を受け継いだとはいえ、モノとカネに偏り過ぎているように思われる。投機的に素早く商品化を実現させようとする短期決戦型であり、一攫千金という旨味もあるが、リスクをともなう危険もある。中国経済もまた、どうやらアメリカ型の流れに近似しているように見えてくる。

日本人とてもいまや、この誘惑の擒となりかねない。ホリエモンや村上ファンドも登場してきた。しかもその上、建築基準までごまかすような、社会への貢献を忘れた責任感に欠ける建築士まで出現してくるご時勢である。

団塊世代は米・中への掛け橋

日本では明治時代には立憲君主制が成立したが、お隣の中国ではそうはならなかった。清朝という満洲族の皇帝による異民族支配の国家体制には矛盾があった。日本の場合、幕末の江戸城の無血開城により、その後、戦火の試練を経たとはいえ、大政奉還に基づいた明治新政府が実現している。

建前の上では、日本にあっては古来から万世一系の天皇による統治の体裁は保たれてきた。たとえ政治の実権が武家に移ろうとも、体制的には天皇から任命される形式を保ってきた。日本民族の伝統である。

だが、中国ではアヘン戦争の敗北に続いて太平天国の乱も起こり、国内は騒然としていた。その後、日清戦争の敗北のショックから立ち直ろうと、ナショナリズムは昂揚したが矛盾は未解決のままであった。

啓蒙主義が唱えられ、魯迅の師である章炳麟の如きは、かつて康有為、梁啓超の門下であったが、改良主義を主張して排満興漢を唱え、民族革命を主張した。厳復、康有為、梁啓超などの知識人たちは、中国ではまだ共和制や民主制を実現するほど人民は成長していないとして、立憲君主制を唱えたものの、大きなうねりとはならなかった。

その後は、袁世凱らの軍閥の台頭により、辛亥《しんがい》革命も起こるなど、しばらくは混乱の時期が続いたが、やがて国民党を結成して北伐に赴いた孫文は、北京には到ったものの惜しくも病死している。その後、蔣介石の国民党と共産党との内戦が起こり、第二次世界大戦後の中国は毛沢東の率いる中国共産党の独裁国家となった。

敗戦後の日本人の反応は、アメリカの豊富な物量に圧倒されたというものであった。だが、実際には中国を支援したアメリカに破れたのであり、そこには当然中国の存在があった。

中国まで戦線を拡大せず、満洲国の建設だけで止《とど》めておけば、このような愚かな結果とはならなかったであろう。下手をすれば西日本はアメリカ、東日本はソ連に分割される可能性もあった。しかも、戦勝国の一つとして中国も九州の割譲を望んだという話さえある。

日本を占領し進駐軍を上陸させたアメリカに対し、私たちの世代は屈辱感を覚えたとはいえ、仮に米ソ戦争が勃発すれば、ソ連軍が日本に侵攻し、いったんは撤退したところでアメリカは海上から爆撃を行ない日本国土はさらなる焼土と化したであろうと危惧した。まさに隠忍自重の時であった。

一衣帯水の韓国でさえ、近いがゆえに解決困難な幾つかの矛盾や摩擦を抱えている。ましてや、海を隔てた隣の大国、中国とでは古来からさまざまな葛藤が鬱積している。中国人は中華という誇りを持ち、尊大な風《ふう》があったが、アヘン戦争に破れ、さらに日清戦争でも敗戦した。その結果、欧米列強からはもとより、かつては見下していた日本からも圧迫されたという屈辱感がある。

しかも、至近の戦争の相手国である日本への憎しみも強い。ひとたび反日デモが起これぱたちまちエスカレートする。多くの中国人は戦後、日本に平和路線が定着していることも分かっていない。日本人もまた中国を一〇年か二〇年も前の知識だけで眺めている傾向がある。文化大革命や天安門事件の記憶も生々しい。相互不信はいまだ払拭されていない。

同じアジアに位置しながら、中国の文法は欧米に近く、日本や韓国と異なる由来は、言語学者でない私には分からない。

「私は教師である」という日本語では、私と教師は同格である。中国では私という存在は教師という役割をこなしていることを意味する。それでいて毛沢東と姓が先にきて、名は後になる。沢東・毛とはいわぬ。この点では、欧米のように個が主体とはならず、家が重視されている。アメリカ的な市場原理が中国でたやすく罷《まか》り通る土壌は、このあたりにあるかもしれない。

日本人は他人の気持ちを察して細やかに気を遣い、世間体を憚《はばか》る。だが、中国人はそんなことにおかまいなしで、一人、一人を見ると堂々と振舞っている。とはいえ、みんなで強調する力に欠けているきらいがある。

ところが、日本人は一人では弱く、仲間だよりの傾向が強いが、協調すれば力を発揮して強いという伝統がある。だが、現在では日本の若者たちはストレートで屈折がなく、外国人と対《む》き合っても物怖《ものお》じしない点でも頼もしい。だが、表層的にはアメリカ文化に浸透され、自分中心で日本文化の伝統を重く受け止めていないように見受けられる。

現代社会では、海外で起きた出来事もたちまちニュースとなって放映される。交通手段も迅速化され宇宙飛行も実現された。たかだか一〇〇年前と較べても、地球も格段に狭くなり、息つく暇もない慌しい日常に追われている。

現在、金儲け至上主義に走って設備も過剰気味の中国に、健全な市場経済が定着するにはまだまだ時間がかかりそうである。国内に大きな矛盾を抱える中国の共産党政権も、今のままの体制から何らかの修正がなされねばならぬであろう。中国の底流には儒教の伝統がある。

今後、日本人はアメリカや中国とどう対き合ってゆくのか。ドルの力に翳りの見え始めているアメリカと、内部に矛盾を孕《はら》みながらも急速に発展してきた中国との間で、摩擦や対立も生じるであろう。その際、仲介の役割を果せるのは日本を措《お》いて他にはない。だが、それを可能にするためには、日本がその存在感を示すだけの能力をもたねばならぬ。

ものづくりには定評のある日本人は、国力の点で、かつてに較べれば経済的な総合力では低下したとはいえ底力がある。アメリカと同盟関係を維持しながら、中国との相互補完の態勢を築き上げることで、米中との仲介役を果すことが可能になる。戦後生まれの戦争を知らぬ子供たちとして、一つの時代を形成した団塊世代の人たちの定年後の生き方は、今後の日本の行方を左右する一つの流れとして刮目《かつもく》しなければならぬであろう。

現代は経済の活性化に重点が置かれている。豊かになることが幸福の条件であるかのような風潮が社会全体を覆っている。だが、景気の好調さがいつまでも続くという保証はどこにもない。一時《いっとき》は、いかに豊かになろうとも、子孫の代には稼業も傾き、財産も他人の所有となった応仁・戦国の時代から、三代栄えた家は少ないといわれる。

終　章——いわゆる老人期を迎えて

一　熟年の思想と満足死

いわゆる定年は江戸時代にも存在した。跡継ぎ息子のいる商家や村落の有力者などは、息子が一人前になり、ある年齢に達すれば、家督を譲って隠居した。息子のいない場合は養子をとって仕事を譲った。

状況や環境によって異なるが、四五歳から六〇歳ぐらいの幅があったようだ。実社会から退いて悠々自適、好きな趣味などを愉しむ生活を過ごす人も多かった。世間の辛酸を舐めた経験者として、時にはその知恵を借りたいと、いろいろ相談をもちかけられることもあり、それなりの存在感はあったようだ。

諸藩の武士たちも四〇歳から五〇歳頃には、家督を譲って隠居した。米による石高制度に依存し、貨幣制度の導入による両制度の活用もできなかった徳川時代中期には、諸藩の財政も困窮した。各藩は一つの経営体として機能せざるを得なくなった。藩校をつくって有為な人材を登用して、財政の建て直しを図らざるを得なかった。

役職についている間だけ、加禄するなど工夫を凝らして、明治以降の大企業は藩の延長として捉えられ、五〇歳から五五歳での定年退職が慣行となった。

人生八〇歳が平均寿命になったといわれる現在、八〇など昔なら七〇歳にも達しない。足腰は当然衰えるが、気持ちさえ若さを持続すれば、生命力は十分保てる。生涯現役の気持ちをもち続ければ老け込むことはない。

歳とともに性急《せっかち》になり、だんだん親に似てきて、性格の嫌な面も出やすくなるといわれるが、それさえ自覚していれば、ある程度の自己コントロールも可能となり、他人からも毛嫌いされるまでには到らぬであろう。

六〇歳で定年になったところで、嘱託やパートタイマーでも、余裕《ゆとり》をもってやってゆけば時間の余裕もでき、それまでとは違ったこともやってみたくなるであろう。いわば一種のモラトリアムであり、六〇代は青年期に似ているといえぬこともない。若い頃、何に関心を抱き何に興味をもったか、それを実践してみれば、改めて生き甲斐も見出せる。

スポーツ、旅行、写生や文章、俳句、短歌、あるいは写真撮影や音楽などによる、自己表現も可能である。今後の生き方を自分なりに見出し、社会と無理なく関わってゆけば、それなりに充実した人生を送ることができよう。自立自動の精神をもち続けないと、老いの嘆きで過ごすことになりかねない。

自分の好きなこと、若い時にやってみたかったことに没頭すれば長続きする。技術者であっても大企業勤めとなると、社内の地位が上がるにつれて現場からは遠ざかり、自分の技能もどれくらいか分からなくなる。四〇年近くも組織人として働くとなると、自分の好きなことが何だったのかも分からなくなってしまう。青年期に惹かれたものに挑戦してみるのも一つの道である。

個人は他者との生活関連の枠の中でしか、おのれの居場所を想定することはできない。自分が納得できる人生を、自由に過ごすことができれば、定年後のほうが愉しい可能性がある。

六〇歳で定年になったところで八〇歳まで生きるとすれば、睡眠・食事や入浴の時間を差し引いたところで、一日一一時間のお釣りがくる。一一時間×三六五日×二〇年では八万三〇〇〇時間もお釣りがくる勘定になる。まんざら捨てたものではない。そう思えば定年後の生活も、無為に過ごしてはいられなくなるはずである。

人間の幸福《しあわせ》とは、自らが「快」と感ずることを追究し行動することにある。しかも、幸福を持続的にしようと思考するなら、緊張を持続して行動してゆかねばならない。ストレスがかかったところで、それをおのが人生を充実させるための試練と考えれば、ストレスもまた「快」となる。いつも常に退屈しているほど大きな苦痛はないといえよう。

定年は人生第二のスタート

ふとした時、翁《おきな》と媼《おうな》の人形を眺めていると、せわしない日常から脱却した、ゆったりとして時が流れる。人の生きざまはさまざまである。歳をとったら些細なことに拘泥せず、あくせくすることなく自然のなりゆきに任せて生きられたら、それが豊かに老いるということであろう。

中国道教の老子は無為自然を説いた。脱俗の境地であり、悠々自適の生きざまである。悠々として境遇に逆らわず、不平を抱くことなく、心のままに生活を味わうことを意味する。だが、そのような心境に達することは、普通一般の人間では難しい。歳をとれば身体の老化は当然である。しかし、老いの寂寥《せきりよう》感に過去を悔いたところで何を得るところもない。晩年の知恵と余裕《ゆとり》を求め推奨する人たちは、老人とはいわず熟年と呼んでいる。

生きものには熟する季節がある。植物とて春になれば芽が成長して開花を迎え、夏に葉が生い繁る。秋になると実がなって、やがて種子は地に落ちる。だが、翌年の春には、種子が芽を出す。円環の思想である。実の熟する時が晩年であり、それを熟年と呼びましょうという提言である。円熟の境地を熟年と称している。

私とて若い頃には文学に憧れた時期があった。その頃は北鎌倉あたりに居を構え、冠木門をしつらえ、庭の木立に囲まれた茶室のある優雅なこじんまりとして家に住みたいと、空想にふけったこともある。書斎にこもって読書や執筆に励み、疲れたらぶらりと散歩に出かける。さぞ愉しかろうという夢想であった。

だが、果たして私などにそんな才能や資質があるだろうかと思うと、これもまた一場の夢に過ぎぬと、現実に立ち戻されたものである。

人の一生などは、永劫《えいごう》の時の流れに較べれば束の間の一齣《こま》に過ぎない。人の寿命は最も長く生きられたとしても一二五歳といわれる。

正月や　冥土の旅の　一里塚
めでたくもあり　めでたくもなし

という狂歌がある。誰の作かは忘れたが、人の命などというものは、岩の崖っ淵も岩肌の裂け目から滴り落ちる水滴のようなものである。幸いにも長生きしたら、晩年はまろやかな円熟の境地に辿り着きたいと念《ねが》うのは、誰にとっても憧れの境地であろう。

定年になったら海外旅行を愉しんだり、長期滞在の海外生活を反復し、ゆったりとした老後を過ごしたいと実行してみたところで、一部の例外を除き普通は倦《あ》きがくる。しかも、旅行代金や滞在費用も馬鹿にできない。

また、夫婦で同じスポーツを愉しんでいるといえば、傍目には羨ましく思われるが、一方の上達が目覚しければ、他方は嫌気がさして不機嫌になりかねない。夫婦といえども対抗心があり、負けてばかりいると面白くない。いつもスムーズにゆくとは限らぬ。欲望があれば羨望も生起し、嫉妬も生ずる。

海外に移住したところで、伴侶に先立たれて一人ぽっちともなれば、寂寥感にさいなまれ、そこが終《つい》の栖《すみか》になるとは限らない。

せわしない時の流れの速い現代に生きていると、常に急《せ》かされ追い立てられ、悠々自適の生活を送れるような人は、ごく限られたひと握りに過ぎぬであろう。熟年の知恵と余裕を推奨されても、なかなかそうはゆくまい。

綽々《しゃくしゃく》たる余裕を存して物事に執着せず、拘泥せず、円満豁達《かったつ》の妙境に入りさえすれば、運動も食物もあったものではなく、それでいて気血はちゃんと規則正しく循環する。思慮の転換法というものであり、養生の第一義である。人間、長寿の法というものはほかにないと、勝海舟は『氷川清話』の中で述べている。

だが、こんなことがいえるのは、勝ほどの傑物だからこそである。幕末の激動の時期に刺客と対座したり、小型の咸臨丸を操って太平洋の荒波を渡り、無血のうちに江戸城の開城を実現し得た人にして、初めていえる言葉である。

二　昭和初期と大正リベラリズムの終焉

私たちの一世代前の人たちは、近代大学教育のモデルともいうべき、ベルリン大学から始まった伝統に基づく教育を受けた。教師と学生との自由な交流を介して働く、研究中心の構想に基づくものであった。だが、自由と放縦を履き違えられかねない。研究意欲に燃える人以外の、一般の学生たちの間には、自由の隙間に入り込んで、娯楽や遊興に時を過ごす輩《やから》も多いという弊害を招いた。

関東大震災に見舞われると、世界的な大恐慌が到来した。昭和初期の不況の時代には、

「大学は出たけれど」職にもつけぬという状況となった。生活に余裕のある家庭の子弟は、定職につかずブラブラ過ごして高等遊民と呼ばれた。昂揚した大正デモクラシーの終焉であった。

都市では労働争議が頻発し、治安維持法が交付されて共産主義の弾圧が始まった。その動きはさらに拡大して、民主主義者や自由主義の知識人にまでも圧迫される世の中となった。そうなると、血の気の多い理想に走りやすい学生たちは、共産主義に共鳴し、労働運動の戦線に加わるものも多くなった。

昭和の初期に東京の下町で育った私は、商店街の小父さんたちが、共産党を「アカ」と呼び、テロや暴力革命を怖れていると知った。親戚のおじからも江戸から明治へと世が変わった時、薩長の田舎侍《ざむらい》たちが肩で風を切って江戸の街を闊歩していたのと同じで、共産党が天下を取れば下級党員までが威張り散らすのは間違いないと聞かされていた。共産党が天下を取ったところで、庶民の生活は悪くなっても善くはならぬ。しかも、変革の混乱時には庶民の被害は甚大だというのもおじの口癖であった。

私はその当時、マルクス・レーニン主義の何たるかも知らなかったが、議会で多数を取れぬと分かれば暴力革命という伝家の宝刀を抜かざるを得ないだろうという街の人たちの思いを薄々は感じていた。マルクス主義などというものは、狂信的な理想主義の一種のように思われた。権力闘争が終焉して共産党政権ができたところで、みんなが幸せになるような結構な世の中になるとは、到底思えなかった。

精神分析のフロイトとともに、一九世紀から二〇世紀にかけての近代合理主義の知性の代表ともいわれるマルクスは、人間の理性が成熟すれば知性によるコントロールが可能となり、資本主義から社会主義へ、さらに必然的に共産主義へと進歩してゆくと考えた。人間の根源的な自己愛に基づく利己的な欲望を、軽視したとしかいいようのない過激なこの思想の昂《たか》まりは、血の気の多い有能な、多感な学生たちの心を、信仰的な情熱にまで昂揚させた。大正リベラリズムの否定であった。

人の一生はさまざまである。定年後、穏やかに暮らして趣味に満足し、慎《つつ》ましく生きるのも一つの生き方である。また、たとえ小さな夢であろうと、若い時に関心を抱いた夢に賭け、残る生命を燃焼させよう、それでいいから生きるんだと思えれば、それで生き甲斐となる。

私たちは常によいことばかりはしていない。守らなかった約束や口に出し文字にして表現してしまった意地悪な行為や、善意でしたつもりでも相手を傷つけたこともある。常日頃は無意識の底に沈殿させていようとも、何かの拍子で想い出せば、鋭い棘《とげ》のようにチクッと胸が痛む。だが、それをいつまでもくよくよ後悔してみたところで始まらない。最近の世相はせわしない。アメリカ流のグローバリゼーションが地球を席巻し、モノとカネとが横行している。その上、日進月歩の技術革新が人々の日常をせきたてている。その一方、環境破壊も進行して人間の生活環境まで脅かされている。

知れぬ世や　釈迦のあとには　かねがある

元禄時代の小説家、井原西鶴の作といわれる。鐘を鳴らしてお焼香をしたところで、あとに残った人たちの物欲は消滅することはない。相続財産の分け前に少しでも多く与《あずか》ろうと、昔から往々にして骨肉間の争いも起きている。さらにまた、気ぜわしい現代社会のスピード化も、人々から心の余裕を奪い去っている。

老齢期の理想郷

江戸時代中期、八代吉宗の没後、一〇代家治《いえはる》に登用され老中となった田沼意次《おきつぐ》は、商業活動を奨励し、幕府再建に尽力したが、天明の飢饉の折に見るべき施策を打ち出せなかったため、守旧派に追い落とされた。老中となった松平定信は寛政の改革を行ない、倹約の励行、奢侈《しゃし》の禁止などを強行したが、結局は失敗に終わっている。

後半生には狂歌師、戯作者として名を馳せた大田南畝《おおたなんぽ》は、若い頃は幕臣として玉川治水などで活躍した人であった。だが、定信のあまりにも窮屈な引き締めに嫌気がさし、文化・文政期の粋人に転向したといえるであろう。

生き過ぎて　七十五年の　食いつぶし
限り知られぬ　天地《あめつち》の恩

これは南畝の亡くなった年の三月二八日の作であり、それから六日間、寝っ放しで一度も回復することなく、極楽往生したといわれる。

ほぼ同時代の人に伊能忠敬《ただたか》がいる。一八歳で今の千葉県の佐倉の酒造家の婿となり、家運を挽回し飢饉の際にも地域のために尽力した人であった。その間にも算数や天文、地理などへの関心をもち続け、五〇歳で家督を譲ると江戸に出て、測量や西洋暦史を学んだ。その五年後の一八〇〇年、蝦夷地（北海道）の測量を手始めに、全国を徒歩で測量し、日本全土の沿海地図を完成させている。

その半世紀後、日本の海岸線を測量したいというイギリスの申し出を、しぶしぶ承諾した幕府はイギリスの測量船に役人を乗船させている。ところがその際、幕府の役人がもっていた忠敬の日本地図を見たイギリス人たちは、自分たちの測量の結果と照らし合わせ、その精確さに驚いて測量を中止するに至った。

このような旺盛な知識欲と不撓不屈《ふとうふくつ》の精神は、常人にはまさに不可能である。せめてその爪の垢でも煎じて飲めといわれても、到底真似ることはできまい。

また、この時代には晩年に活躍した佐藤信淵《のぶひろ》のような人もいる。老中松平定信が失脚し、専横となった一一代家斉の時代には幕政も弛み、文化・文政の江戸文化の爛熟期が出現したが、その結果、幕府財政の窮乏は深刻化している。

その死後、老中となった水野忠邦の下問に応じて、「復古法概言」を著し、封建制度のもとでの、来《きた》るべき統一国家の構想を論述している。出羽の人で、六〇歳で家督を譲ると江戸に出て、儒学、蘭学、国学、さらに神道をも学んだ博学の人であった。農政・物産・海防・兵学など多岐にわたる著書を世に問うている。

向学の志が厚ければ、六〇歳など老け込む年齢《とし》ではない。だが、このようなことは普通一般の人のできることではない。とはいえ、世間には慎ましく生きながらおのれの職業に徹し、家督は息子に譲ってもその仕事に精通して、一生を貫く人たちも存在するという事実は忘れるべきではなかろう。

かつて、何かの本で今から二〇年以上も前から、地域医療に挺身してきた医師の話を読んで、感銘を受けたことがあった。確か長野県のある地域であった。地域の住民たちの願望は「死ぬまで元気で働いて、死ぬ時は自宅でポックリ死ぬ」ことだと知って、満足死を提唱した。その結果、寝たきり老人がめっきり減ったという。住民たちの気持ちの張りをもたせ、地域全体に活気が漲ってきて長寿地域となり、老人医療費の削減にもつながったとのことである。

熟年などといわれると、実った稲の穂先が垂れるような、福徳円満な悟りの境地が脳裏に浮かんで、凡人には到底及びがたいという気になる。だが、満足死といわれるとなるほどと合点がゆく。働き甲斐も出てきて、生きる気力も持続するであろうと納得させられる。たとえ、まだまだやり残したことがあると思ったところで、やれるだけのことはやってきたという満足の気持ちが生まれてくるに違いあるまい。私などもぜひ見習いたいものだと思った記憶がある。

三　「気散じ」の達観

日本人は古来から祖霊を尊び、大宇宙の自然に祈りを捧げる古神道を受け継ぎ、その教義の裏づけとして、神仙を尊び無為自然に憧れる古道教を取り入れた。

さらに世俗内の社会倫理として儒教を、超越的な空の思想である仏教を受容してきた。平安時代の初め、空海によりもたらされた真言密教の流れから神仏習合の山嶽神道も生じている。鎌倉初期の浄土真宗の親鸞の教えは、自力では覚《さと》りを開くことのかなわぬ煩悩具足の凡夫こそ、迷うことなくひたすら念仏に打ち込みなさい。阿弥陀仏には救う力が具《そな》わっているというのが、その確信であった。他力本願の易行《いぎよう》門である。

一方、禅宗の道元は、修行により自らの仏性を掘り起こすことが第一義で、悲とは他人の苦を見て救済しようとする心であり、慈とは果を与える心であるとする自力聖《しようどう》道門を唱えた。

鍛錬、修行の在り方は異なっているが、窮極的には通底するところがあるといえよう。この世の無常を感ずればこそ、人々は心の平安を求めざるを得ない。人間の生きること自体、相反するものの複合である。日本人は日本文化の多重構造の特殊性と、人間の普遍的な共通性を念頭において、今後とも西欧の知性を取り込むと同時に、欧米流の一極中心の志向を避け、複数の極の間の均衡を求めざるを得ないであろう。

悲《ひ》と魂《だま》で　ゆく気散じや　夏の原

これは西欧の画壇にも大きな影響を与えた葛飾北斎、行年《こうねん》九〇歳の辞世の句である。死によって消滅する有限なおのれの悲しみを、気散じとして突き放す芸当は、私たち凡人には到底真似のできることではない。

あとがき

二〇〇三年に『分裂病という名の幻想』を、二〇〇五年に『人はなぜ自殺するのか』を出版した元就出版社の浜さんから、三部作の完結篇として『団塊世代の定年と第二の人生』をテーマに執筆して欲しいとのご依頼があった。前作と重複する部分が出てくるのではないかと躊躇して一応はお断りした。

だが、それはそれ、これはこれという重ねての依頼に、まとめて読んでいただければ、私の意とするところが、かえって一貫するのではないかと思い直してお引き受けした。

そのため、その頃、たまたま執筆中であったフロイト生誕一五〇年記念『現代フロイト読本2』の「人間モーゼと一神教」（みすず書房）と、日本精神通史と並行して執筆することとなった。通史のほうは『時を旅する―私の日本史探訪（古代・中世・近世の文化と思想）―』という表題で、慶応義塾大学出版会から四月上旬に、『現代フロイト読本2』

のほうは七月中旬に刊行された。併わせて読んでいただければ、望外の喜びである。

だが、あいにく四月上旬に腰椎圧迫骨折で緊急入院したため、こちらのほうはようやく七月末に脱稿に漕ぎ着けた。私もあと四か月で満八五歳の節目を迎える。読者の皆さんの参考になれば幸甚である。

二〇〇八年七月

著者

定年と第二の人生

2008年11月20日　第１刷発行

著　者　武《たけ》田《だ》　専《まこと》

発行人　浜　正史

発行所　株式会社　元《げん》就《しゅう》出版社
〒171-0022 東京都豊島区南池袋4-20-9
サンロードビル2F-B
電話　03-3986-7736　FAX03-3987-2580
振替　00120-3-31078
装　幀　唯　野　信　廣

印刷所　株式会社　シナノ

※乱丁本・落丁本はお取り替えいたします。
© Makoto Takeda 2008 Printed in Japan
ISBN978-4-86106-171-4　C0095

分裂病という名の幻想

定価一八九〇円（税込）

精神分析の第一人者が自らの来し方を赤裸々に吐露し、独自の視点から心の病にメスを入れ、生き抜く力と希望を与える型破りの人間再生の物語。精神科医の自伝的診療始末記。

武田　専

気持がぐっと楽になる〔心の処方箋〕！

人はなぜ自殺するのか

武田　専

生きる力が湧く『心の特効薬』
「心の病」を抱える多くの悩める人びとの話に耳を傾け、ともに明るい未来を切り開いてきた臨床精神科医の目からウロコの人間賛歌

定価一八九〇円（税込）

中高年の自殺と若者のひきこもり